国家自然科学基金项目（NO.41801136）
江苏省高等学校自然科学研究面上项目（NO.17KJB170007）资助
江苏高校哲学社会科学研究基金项目（NO.2018SJA0257）

南京大学人文地理服务区域发展系列丛书

文化旅游地特色文化景观的
游客多维感知研究
—————— 以书法景观为例

颜丙金 著

南京大学出版社

艺术往往是图式中的结构特征，

当人们将其作为时代的代表后，

其结构特征便能反映时代特定的社会和文化内涵。

——马克斯·勒尔

环境审美与以往的艺术审美有着截然相反的思维模式。

环境审美灌输广义的景观，它们与我们的工作、娱乐、家等相互作用。

它们并非对日常生活的逃离，

反映个人的情感效能，

刺激着对自然的不同反应。

——史密斯和邦迪

前　言

　　全球化背景下,文化不断交流和融合的过程中,文化认同显得尤为重要。同时,作为文化的重要表征形式和载体,文化景观(尤其是传统特色文化景观)能够在地域文化空间生产过程中起到一定的营造作用,且具有文化符号和资源符号的双重效应,其文化性、社会性、经济性、地方性都是当今文化旅游和文化地理等领域研究的重要内容。此外,环境美学的理论核心认为景观与环境存在不可割裂之关系,环境心理学则主要关注人与环境的相互作用,景观(尤其是文化景观)在人与环境的相互作用过程中起到了一定的媒介作用。然而,城市中的文化景观在建设中存在"文化趋同""符号贫困"等现象,致使地域文化景观差异性逐渐消失、文化面貌逐渐模糊,从而导致地方感、乡愁缺失。书法景观是传统文化景观的代表,其丰富的内涵和多样的类型、文化与观赏性(审美)兼具、物质性与非物质性共存,是解决此问题的重要载体。同时,地方感是践行乡愁的理论阐述,书法景观又恰是具有特殊地方感的场所环境,故书法景观是解决乡愁缺失问题、塑造地域特色文化景观的突破口。从典型性的角度分析,书法景观作为特色文化景观,既有文化景观的共性,又有其独特的个性。书法景观独特的功能(环境解说、场所烘托及情感激发)是"人-环境"相互作用过程中不可或缺的作用机制。

　　基于此,本研究以环境美学、环境心理学及地方感等理论为基础,结合书法景观的审美、文化内涵及地方营造作用设计了包括一系列书法景观游客多维感知内容的问卷,利用因子分析、结构方程、探索性空间数据分析等技术和方法,构建了书法景观所在场所的"(环境)刺激-反应"模型,进一步探讨了书法景观审美评价、书法文化认同对此模型的作用,并剖析了书法景观地方感的特征,尝试从环境、文化及审美等方面构建书法景观游客地方感的影响机制,以期为书法景观、文化景观的主观视角研究提供先验性的思路与方向。主要结论如下:

(1)书法景观既是文化符号又是消费对象,不同类型的书法景观营造出不同的场所环境,也带给个体差异性的环境感知、地方感。

旅游景区既是观光场所又是消费场所,具有消费场所氛围的环境特征,该特征对情感、趋向反应具有一定的影响。而书法景观作为一种文化符号,能够营造兼具审美和交流的场所,因此,其审美属性也可间接刺激游客产生情感、行为反应。根据环境美学"景观-环境"思想可知,无论是自然环境还是社会环境,都会给景观感知带来一定影响。例如,两个案例地(封闭式传统书法景观文化旅游景区、开放式现代书法景观城市文化旅游地)的结果表明,无论哪种书法景观场所类型,均满足消费场所中的"(环境)刺激-反应"模型,也间接证明了书法景观作为一种旅游产品具有较为显著的消费属性。同时,不同的场所设计、空间布局会带来游客差异性感知,且镇江焦山碑林作为景区,其空间布局必然不同于作为开放式休闲场所的厦门书法广场。此外,地方感作用机制在不同的书法类型、风格及真实性等作用下具有不同的影响强度。例如,厦门书法景观观赏性强、变化多样,加之游客以青少年为主,他们可能更钟爱现代气息浓厚的书法景观;镇江多陈列原碑真迹,且有些重要碑刻或年代久远,或残缺不全,或辨识模糊,可能影响了游客地方感的产生。加之游客以中青年为主,他们倾向于追求舒适、轻松的旅游氛围,故更关注场所布局、景区软环境,导致环境刺激在地方感的影响中占最主要的位置。

(2)环境刺激可视为文化旅游地游客多维感知的基础。

环境刺激对景观审美评价、文化认同及地方感均表现出显著的作用关系。首先,就景观审美评价而言,显著相关一方面间接说明无论书法景观类型如何、历史长短,均具有一定的审美特征,且该审美特征受到主观因素影响的同时还受到客观环境刺激的影响,切合了环境美学中关于景观与环境不可割裂的观点;另一方面间接解释了个体景观审美具有易受场所环境影响的特征,可见其并非先天固有属性,与 Falk 和 Balling(2010)的观点一致。另外,景观感知理论认为环境具有较强的功能指向性,是人类重要的感知信息来源,其通过景观的光、色及建筑、水体、植被等复合的感知刺激源令游客产生较多的视觉美感,进而产生一定的主观评价。其次,就书法文化而言,显著相关表明书法文化认同虽说是一种个人固有的文化属性、态度,但因为书法景观的关联效应,不可避免地仍然受到场所环境的影响,且受到个体社会属性和书法属性的双重影响。最后,环境刺激也可作为书法景观地方感的前向作用机制,且具有较大的贡献强度。该结论表明地方感同样受到短暂性刺激因素的影响,可见地方感的形成环境既可是长期的惯常环境,也可是短暂的非惯常环境。

(3)书法景观审美评价、书法文化认同及地方感均能够使个体产生一系列的情感和行为反应。在生境学和心理学上,景观审美评价是人类为寻找安全的、舒适的场所环境而产生的对某些景观具有特殊审美偏好的心理活动表征,是出于一种安全、利我的生存本能,尤其是受到威胁而产生恐惧之时。因此,景观审美评价产生的最初原因便与情感密不可分。此外,诸多学者也直接或间接地论证了对景观美感评价高的群体往往更易产生积极的情感,如高兴、放松等,该结果也是对此类观点的有力支持。从深层次理解上讲,一切情感和行为都可以理解为文化的社会建构,势必会与文化认同产生密切联系,这也是书法文化认同也能够产生一系列情感、行为反应的原因之一。此外,该结论与书法文化认同的情感、认知、行为等内涵不无关系。书法文化认同可以从"自我"文化的认知、情感等层面进行解读,是区分文化"他者"和"我者"的重要标准。当对书法文化具有足够情感累积后才会真正做到以其为荣,实现真正意义上的"自我"文化角色认知。

(4)文化旅游地书法景观游客多维感知的空间分布具有距离递减规律,且分布形态既有相同之处,又有不同之处。核密度分析结果显示,两个案例地的游客感知均呈现"哑铃状"空间形态,它们的核心区密度零星地分散于京津冀、长三角、东北和西南的部分区域。就反距离权重插值分析结果而言,各类感知均值在空间分布上都表现出一定的距离递减规律,在递减方向、递减速率上稍有不同,且在不同类型的书法景观场所中表现略有差异。

(5)游客书法属性和社会属性在不同程度上影响着文化旅游地书法景观的多维感知。从整体可知,环境刺激的游客感知、景观审美评价、书法文化认同及地方感更易受到书法属性的影响而表现出显著性差异,而社会属性对其影响较小。其中,环境刺激的游客感知仅受个体社会属性的显著影响;其他三个层面均受到个体书法属性和社会属性的双重影响,但就次数比例来讲,个体书法属性出现频次占到60％以上。不难推断,书法属性越高的游客对书法景观审美评价越高,对书法文化越认同,同时更易形成地方感。

本研究的一些观点基本属于首次提出,虽有数据支撑,但由于作者水平所限,难免有不当之处,恳请有关专家、学者和实际工作者批评指正。

目 录

第1章 绪论 ··· 001

  1.1 选题缘起 ·· 001

  1.2 研究背景 ·· 003

    1.2.1 理论背景 ·· 003

    1.2.2 实践背景 ·· 007

  1.3 研究意义 ·· 009

    1.3.1 理论意义 ·· 009

    1.3.2 实践意义 ·· 010

  1.4 研究目标 ·· 011

  1.5 研究思路、内容和技术路线 ······························· 012

    1.5.1 研究思路 ·· 012

    1.5.2 研究内容 ·· 013

    1.5.3 研究结构 ·· 014

    1.5.4 技术路线 ·· 015

第2章 相关研究综述 ·· 016

  2.1 书法景观研究 ·· 016

    2.1.1 书法景观概念辨析 ······································ 016

    2.1.2 相关议题 ·· 017

    2.1.3 研究述评 ·· 019

  2.2 "(环境)刺激-反应"相关研究 ···························· 020

    2.2.1 环境刺激 ·· 020

2.2.2 游客情感 ··· 025

2.2.3 趋向反应 ··· 027

2.2.4 研究述评 ··· 030

2.3 景观感知与审美评价研究 ···························· 031

2.3.1 景观感知 ··· 031

2.3.2 景观审美 ··· 032

2.3.3 景观审美与环境 ··· 035

2.3.4 研究述评 ··· 045

2.4 认同背景下的文化旅游研究 ························· 046

2.4.1 文化认同概念辨析 ······································ 046

2.4.2 相关议题 ··· 048

2.4.3 研究述评 ··· 051

2.5 旅游研究中的地方与地方感 ························· 052

2.5.1 地方与地方感概念辨析 ································· 052

2.5.2 相关议题 ··· 054

2.5.3 研究述评 ··· 059

第3章 研究理论与方法 ··· 060

3.1 相关理论 ·· 060

3.1.1 环境美学 ··· 060

3.1.2 环境-行为理论 ·· 062

3.1.3 人本主义地理学 ··· 064

3.1.4 符号互动理论 ·· 066

3.1.5 认同理论 ··· 069

3.2 研究数据与方法 ·· 070

3.2.1 案例地概况 ·· 070

3.2.2 问卷设计 ··· 072

3.2.3 数据获取方式 ·· 073

3.2.4 具体技术 ··· 076

第4章 书法景观环境刺激的游客感知 ················· 080

4.1 研究假设 ·· 080

4.2 测量指标选取与设计 ·· 082

4.3 研究结果 ··· 088

4.3.1 探索性因子分析 ·· 088

4.3.2 模型测量 ·· 095

4.3.3 模型修正 ·· 097

4.3.4 书法景观场所环境特征的游客感知差异探讨 ········· 100

4.4 本章小结 ··· 104

第5章 书法景观游客审美评价与环境刺激感知的关系 ········· 107

5.1 研究假设 ··· 107

5.2 测量指标选取与设计 ·· 109

5.3 研究结果 ··· 109

5.3.1 模型测量 ·· 109

5.3.2 模型修正 ·· 112

5.3.3 书法景观游客审美评价的差异性探讨 ··············· 114

5.4 本章小结 ··· 119

第6章 书法文化游客认同与环境刺激感知的关系 ············· 121

6.1 研究假设 ··· 121

6.2 测量指标选取与设计 ·· 122

6.3 研究结果 ··· 123

6.3.1 探索性因子分析 ·· 123

6.3.2 模型测量 ·· 127

6.3.3 模型修正 ·· 129

6.3.4 书法文化认同差异性研究 ································ 132

6.4 本章小结 ··· 137

第7章 书法景观地方感的特征及其作用机制 ················· 140

7.1 研究假设 ··· 140

7.2 测量指标选取与设计 ·· 144

7.3 研究结果 ··· 146

7.3.1 探索性因子分析 ·· 146

7.3.2 模型测量 ·· 150

7.3.3 模型修正 ·· 151

7.3.4 书法景观游客地方感差异性研究 ··············· 154

7.4 本章小结 ·· 159

第8章 研究结论 ·· 161

8.1 主要结论 ·· 161

8.2 管理启示 ·· 165

8.3 主要创新点 ··· 168

8.4 研究不足与展望 ······································ 168

附录A:游客调查问卷 ···································· 170

附录B:文中英文缩写释意 ······························· 174

参考文献 ··· 176

后 记 ··· 209

第 1 章　绪　论

1.1　选题缘起

全球化背景下,当今社会西方主流文化对传统文化景观的冲击,出现了城市景观"符号贫困"以及区域特色文化地方性的缺失等现象。文化景观,尤其是特色文化景观具有营造特殊空间的功能,具有解决上述问题的潜力。特色文化景观在快速城市化道路上面临前所未有的破坏,而非物质文化遗产也面临传承与活化的双重紧迫任务。关于文化遗产或文化景观,开发与保护是永恒的学术和实践主题。在此主题下,唤起人们的文化自觉性显得至关重要,而文化认同是文化自觉的前提所在。同样的,地理学界关于文化景观的研究越来越偏重景观主观感知的经验性探索和实证性分析(Zube, Sell & Taylor, 1982),由此衍生出诸如景观审美、景观评价等相关概念。该方面相关研究的本质是人与景观、人与环境之间的相互作用关系,反映了个体文化、环境行为的心理过程,也是景观环境和城市规划研究的重要内容(奥尔特曼、切默斯,1991),对于特色文化景观及其载体的文化认同是近期景观研究的重要趋势,景观的审美评价研究更加关注景观感知结构性因素之间相互影响的结果(Penning-Rowsell, 1982)。此外,前美国地理学会主席 Cutter 提出当前地理学十大问题之首:是什么造就了地方与景观各不相同? 为什么这很重要? (Cutter, Reginald & Graf, 2002)地方是一种在有边界的空间内通过个体与景观的符号互动形成的具有情感联系、象征意义或旅游休闲功能的符号化空间。而在符号互动的过程中,个体通过物质元素(如景观)等完成由浅至深的心理感知过程,即从景观的知觉、认知到表征感知。

从文化景观研究视角看,以往研究大多从宏观整体人文景观的尺度进行。近年来,人们对城市及城镇文化景观研究较多,如全球化过程中城市文化景观在城市中的作用(Zukin,1991;Zukin,1995)等,但是研究重点仍然是宏观意义上的文化景观本体研究,而从景观的符号功能考虑其与个体的交互作用(如个体的景观感知、审美、认同等主观方面)的研究却较少涉猎,结合文化景观所在地环境特征进行研究尚属学术空白。特色景观,尤其是特色文化景观方面的研究集中在中国园林景观对自然、道德理念等的象征性空间的关注(Tuan,1994)、书法与中国文化及园林的关系(俞孔坚,2008;许晓明、刘志成,2016)、中国景观体系中的语言文字景观(吴必虎,2004)等方面,并取得了一些重要进展。然而,关于中国传统文化的特色景观及其主观感知问题的研究相对少见,书法景观就是这种景观类型的典型代表和此类科学问题研究的突破口。同时,书法景观也是符号互动过程的研究切入点,可以帮助地理学者以一个新颖的视角来讨论不同的场所精神是如何形成的,加深我们对全球化、现代化等人文地理过程的理解(Desforges & Jones,2001)。

书法景观是以文字为展示内容,以一定物质为载体,以集中呈现为方式,具有一定的规模或视觉效应,且在特定地理空间范围内具有某种特殊场所/空间感的文化景观(张捷,2003;张捷、张静,2004;Landry & Richard,1997),如标语、商铺招牌、广告牌、指示牌、涂鸦文字、碑林及摩崖石刻等。书法景观是中国传统文化与日常生活、日常审美有机结合的产物,其类型根据文字的功能性、尺度、日常环境属性等标准可以划分为多种形式(Landry & Richard,1997)。书法景观在中国城镇和旅游景点分布广泛,是场所识别、凝视及象征性表达的重要物质载体。可以说,书法景观是一种具有中国特色的特殊文化景观和文化符号。从符号景观的角度研究空间的社会文化意义是文化地理学、社会学研究的侧重点,且新文化地理学认为景观是由符号构成的可阅读文本,对其进行解读是地理学家的主要任务(周尚意,2004),一定程度上具有表征和解说特定的环境或场所的功能。正如段义孚认为的那样,我们所处的世界可以通过可用符号(解说指示功能)、情感符号(情感激发)、象征符号(场所/氛围烘托)进行解构。该观点适用于具有空间象征符号意义的所有景观(周尚意,2004;唐晓峰、周尚意、李蕾蕾,2008;李蕾蕾,2004),如书法景观(张捷,2003)、地名景观(朱竑、周军、王彬,2009)、灾害景观(Yan, et al., 2016;颜丙金等,2016)等。由此可见,作为符号景观的一种,书法景观具有一定的符号效应。例如,有学者就指出其符号效应存在由表及里、由浅至深的现象。具体来讲,浅层行为效应主要涉及对书法景观的鉴赏、评价等感知内容;中层文化象征效应是指个体对书法景观场所烘托功能的理解,感知到的文化氛围及文化内涵等;深层的审美引导效应主要反映了书法景观对个体审美心理及行为的影响。

据此,本研究以环境美学为理论基础,试图通过特色文化景观类型代表——书法景观,探索其所在场所的环境刺激感知维度特征,并分析其对游客的一系列情感、趋向反应的作用。同时,分别从景观和文化视角构建景观审美评价、书法文化认同对环境"刺激-反应"模型的作用关系。此外,本研究还将关注书法景观所表现的书法文化在游客群体中存在怎样的认同特征、认同差异,而景观审美评价、文化认同等游客多维感知内容又能否产生一定的地方感,书法景观所创造的地方感的特殊性及其独特性作用机制又当如何理解等问题。

1.2 研究背景

1.2.1 理论背景

(1)文化研究的空间转向

随着第二次世界大战后英国左派的形成以及英国文化工业体制的变化,文化研究在注重传统美学视角的同时,也在逐渐关注文化的社会、空间意义。与此同时,社会学领域的文化转向、空间转向影响着地理学家的视野和思维,他们开始关注文化的空间特征以及空间的文化属性(Anderson, et al., 2003)。

文化现象的时空分布是文化地理学的主要研究内容之一。文化地理学认为文化是一种作为某种特定事物分布,以生活方式为基础或是超越生活方式的具有一定含义、权利并能产生某种激发性的复杂存在(Anderson, et al.,

2003）。文化地理学对空间及其衍生产品的关注与文化研究的空间转向不谋而合。空间转向思想的提出始于法国新马克思主义哲学家亨利·勒菲弗尔（Henri Lefebvre），后受到福柯等人的传承和发展，逐渐成为后现代主义社会文化研究的主流思想。以福柯为例，他将文化视为一种资本，并结合马克思主义的资本生产理论提出文化的传播和扩散在地域上的表现就是文化空间的生产。该思想对其他学科相关研究产生了深远影响，如建筑学、规划学等领域学者将空间生产应用到城市问题的研究中，也有地理学家从空间生产的角度阐释了书法文化景观在文化空间生产过程中的营造作用（张捷，2010a；2010b）。

众所周知，地理学研究的对象是地表一切现象发生、发展的过程和规律，主要涉及自然和人文两大过程。工业文明高度发达的今天，自然过程或多或少受到人文因素影响，此时两个层面的地理现象均可视为受人类行为影响。于是，文化作为人文过程的重要构件，其重要性尤为突出。例如，"地球之肺"逐渐消失背后的自然过程作用微不足道，社会经济等影响因素最为关键。此外，文化的物质存在是景观，景观是一切人类生产实践的产物，一些特定的人工制品能够反映除文化一致性之外的更多的地方意义，如涂鸦是一种社区的反抗符号和象征。在文化地理学的框架下，具有特殊含义的一些文化表征既包括与我们生活息息相关的日常景观，也包括具有象征意义的非日常景观。同时，这些文化表征渗透着独有的含义，对这些含义的理解需要从文化背景进行理解，并融合地方和民族认同感。

人文主义学者对景观视觉层面的初步探索被 Cosgrove 视为其内涵的雏形（Cosgrove，1998）。20 世纪 20 年代，Sauer 在其《景观形态学》中指出，可以通过地面景观形成、发展及消亡的过程来分析地理特征的变化，同时强调人为因素在自然环境变化中的重要作用，这些思想对人文地理及文化地理产生了深远影响。他将文化景观定义为不同文化群体作用下形成的具有人类活动烙印的自然景观，是自然环境与文化相互作用的结果（汤茂林，2000；迈克·克朗，2005）。此后，新文化地理学对地方和地方性的关注与社会学中对空间和文化的关注不无关系（朱竑、钱俊希、陈晓亮，2010），同时，相关学者偏好于揭示景观隐喻的文化内涵。某种程度上，我们可以从地方性及地方意义上对景观的社会建构进行解读，该解读也是对个体对景观的主观感知、认知过程的阐释。此类论点在文化旅游地方感的特征与影响机制、文化空间生产与营造等研究议题中均有所体现。而作为传统文化景观的代表之一,书法景观是世界非物质文化遗产书法的物质化、景观化的文化空间表现形式,也是文化空间生产的主要方式之一(张捷,2010a;2010b),如南京书法步行街、厦门书法广场、临沂书法广场等。

(2) 文化认同是地域文化"去全球化"的理论前提

"去全球化"原指经济全球化过程中兴起的一种地方保护主义,在本研究中可理解为地域文化的地方化。在全球化大背景下,多元文化时代的出现是历史的必然,人类文明的进步是基于文化的不断交流和融合。在此期间,文化认同尤为重要。只有真正地做到文化上的认同,才能消除文化对抗和隔阂,各文化体系才能互相吸收对方的文化精华,得以持续发展(郑晓云,2008)。若将文化看作一个消除了历史与主题、抹杀了"特殊"和"个别"的"权力体系",那么文化认同便成为"一纸空文"。随之而来的,将是民族文化的危机(张旭东,2006)。

文化越来越受到社会若干阶层的关注和思考,在这些阶层的带动和宣传下,相关议题因其热度和持续性而成为备受当今社会国人热议的日常话题(石义彬、熊慧,2011)。这些既有民间大众又有社会精英的不同社会阶层多将焦点集中在国家及民族文化安全、地方与区域文化独特性和多样性及特殊社会群体的文化偏好等方面(石义彬、熊慧,2011)。因此,从文化认同视角对文化进行研究显得至关重要,它能够在一定程度上反映国家、民族的内在凝聚力和外部竞争力。随着全球化经济的发展,人力、信息、技术及物质等资源通过不同途径进行着跨区域、跨国流动,而文化作为非物质资源同样存在流通不息的现象,如何在多元文化中实现社会成员自身的角色认同、文化认同乃至国家认同日益成为世界各国各民族的文化核心利益(韩震,2010)。此时,文化旅游在培养国民文化认同、增强民族凝聚力等方面扮演了不可或缺的角色。例如,有学者指出文化旅游之所以能够对传统文化、民族风俗等起到积极的宣传和弘扬作用,是因为包括文化遗产、文化景观在内的诸多文化资源都是代表国家和民族文化成就的宝贵财富(傅才武、钟晟,2014)。书法文化作为中华民族留给世界的非物质文化遗产,是人类历史独特的精神财富,是检验传统文化认同的重要实践对象。书法文化传统认知形式下的传播载体主要有两种形式:碑刻和字帖。当然,书法文化的表现形式多样,札幌楹联、摩崖牌匾等均属于书法景观的范畴。书法景观是书法文化的物质载体,从某种程度上讲,对书法景观的认同很大程度上是对书法文化的认同。

(3)现代地理学人文主义倾向热点内容:地方与情感

情感是人类对客观事物是否满足自我需要而产生的态度体验(林崇德,2003),影响着人类的认知方式,其重要性不言而喻。在文化研究空间转向(Benko & Strohmayer,1997;Crang & Thrift,2000)的影响下,情感研究的空间问题也得到了地理学家的重视。情感地理学作为地理学中的后起之秀,自2001年情感地理概念被提出之后,逐渐摆脱纯粹精神上的主观范畴,被用以解释社会-文化空间的产生及发展过程。地方作为构建情感地理学的三大内容之一,主要解释人与环境的情感联结(Benko & Strohmayer,1997;Davidson & Milligan,2004)。同时,地方性也是人本主义地理学研究空间的重要支撑,并在一定程度上动摇了地理学是空间科学的传统研究范式和思想,其核心观点认为"冰冷"的几何空间能够被赋予情感,社会构建出特殊的情感空间、符号空间、象征空间等。这种思想同时影响着情感地理对抽象空间的理解和反思(朱竑、高权,2015)。21世纪以来,全球化背景下的文化研究更加突出地方化、特色化,尤其是文化旅游相关研究。独特的地方文化,如风土人情、历史建筑等文化符号都已成为具有一定吸引力的旅游资源。与此同时,对这些文化符号或文化载体所包含的地方意义的解读便形成了一系列与地方有关的概念:地方认同、地方依恋、地方感。这些针对不同群体的地方感知同样受到个体的已有体验、心理状态等因素影响,产生某种态度及相应的行为反应。

情感地理学的产生和发展延续了人本主义地理学对地方、情感的关注,是实证主义范式向人本主义范式过渡的有力表现。而作为两者交叉内容的地方概念是人类社会文化空间情感化的产物,蕴含着诸多情感与态度,如认同、依恋、审美评价等。其中,地方认同是一种归属感的表征,身份、文化、民族以及国家等不同群体和层面的身份归属感背后恰恰是情感与权力的关系、情感与地理单元的关系。此外,地方涉及的对象不仅仅指物理环境,同时涉及环境的、社会的、心理的和时间的过程(Harris, Brown & Werner, 1996),且包含了几乎全部的人际关系、社区和文化联系(Low & Altman, 1992)。与此同时,地方和个体之间的关系也是环境心理学关注的主要内容之一,被视为"人生的中心"(Relph, 1976),在生活中形成了一种稳定的地方意义。

1.2.2 实践背景

(1) 文化旅游的兴起

随着旅游业逐渐成为带动经济发展的支柱产业,文化旅游作为旅游最重要的组成部分不断发展壮大。2009 年初国务院就旅游业的发展提出了若干意见,文件中首次明确指出旅游业业已成为国民经济的战略支柱性产业和人民群众更加满意的现代服务业,第一次从国家层面定位旅游在国民经济发展中的重要地位,指出要大力推进旅游与文化等行业的融合,同时强调丰富旅游文化内涵,发挥文化旅游资源优势。2013 年《国民旅游休闲纲要(2013—2020 年)》进一步强调加强国民旅游休闲产品开发,活动组织过程中要注重弘扬优秀传统文化;紧接着,2014 年国务院《关于促进旅游业改革发展的若干意见》再次强调要积极发展文化旅游,注重旅游文化内涵的提升,发挥文化消费在旅游业中的促进作用,并强调要更加注重文化传承创新,提升旅游文化附加值,培育体现地方特色的旅游商品品牌,鼓励对各类文化景观进行综合开发利用。著名学者冯骥才认为"在中华大地上,文化正面临着旅游化,但旅游却没有文化化",文化旅游的发展更应该注重旅游文化内涵的挖掘,而不单单是文化资源旅游化的地域扩张。以国家经济结构调整与转型为契机,依托上下五千年的深厚文化语境,中国文化旅游业有着广阔的发展空间和腹地给养,带给我们的不仅是享受文化盛宴和愉悦身心,更体现着对地域风土人情的认同、对中华民族的文化认同。越是中国的越是世界的,文化旅游兼顾文化遗产保护与开发、传统文化发扬与传递、文化历史沉淀与创意展示等多种功能,对于满足当下民众个性需求,提升入境旅游水平、促进文化产业发展具有重要作用。

(2) 城市景观"符号贫困"现象突出,地域特色弱化

2014 年,大连万达集团收购马德里地标性建筑、地方历史遗产——西班

牙大厦,并准备将其重建为集酒店、商业中心和豪华公寓于一体的商用建筑。随后,此计划遭到包括西班牙社会党在内的各界人士反对。"推倒重建"的思维模式对城市景观的丰裕度和地方化产生了致命影响,也是中国快速城镇化过程中地方特色文化景观趋同和消亡的重要外在因素之一。在全球化和现代化成为世界潮流的今天,城市景观建设中存在"文化趋同""符号贫困"等现象,导致城市间地域文化差异逐渐消失、文化面貌逐渐模糊。

2016 年国务院出台《关于进一步推进城市规划和建设的若干意见》,指出中国城市存在"建筑贪大、媚洋、求怪等乱象丛生,特色缺失,文化传承堪忧"等问题,明确指出应该从保护历史文化印记等方面对城市建设加以地方文化特色化。不可否认,中国城市发展过程中的"千城一面",导致景观相似度极高,缺少具有地域特点的景观设计和建设。阮仪三认为千城一面是文化匮乏的表现,留不住"乡愁"。城市之间如同一母同胞,具有地方性的城市内部景观同样消失殆尽,尤其是一些代表整个城市风貌变化的历史街区、文化区。在当今文化旅游繁荣发展的时代,虽然这些地方往往被原址重建或修旧如旧,但绝大多数地方留给后人的仅仅是地名符号,传统文化景观已烟消云散。那些零星分布的具有典型特征的文化景观虽有保留,却只能作为博物馆或旅游景区的新宠,其余景观终究难逃过度城市化过程中逐渐消亡的悲惨命运,如北京四合院、福建客家土楼、雕刻与彩绘熠熠生辉的江南园林等。消逝的文化景观带走的不单是藏密于深巷曲弄的城市记忆,更有人们对城市景观的感知意象,如曾经的"小桥流水人家""枯藤老树昏鸦"也已成为历史的剪影。当下之中国,渐已成为世界上最大的建筑"实验室",城市景观,尤其是历史文化景观正面临前所未有的挑战,其传统性、文化性、个性及美感正在逐渐失去昔日的辉煌、内涵乃至灵魂。相反,国内一些传统街区的历史风貌(包括书法景观)虽然不是西方建筑的复制品,却成为其他地域文化的复制品。徽派建筑的流行导致江南地区甚至淮河流域有些新建或重建历史街区清一色的"马头墙",令人费解。无论城市景观的设计风格如何、样式如何,都是混凝土浇筑的现代西方文化的烙印。我们本土的传统特色文化景观如书法景观等受到了诸如现代化城市更新的极大冲击,研究和保护问题具有紧迫性。

1.3　研究意义

1.3.1　理论意义

本研究依据环境美学、环境心理学相关理论,尝试以特色文化景观的典型代表——书法景观为例,探索文化景观对"人-环境"相互作用关系的影响。相关研究结论对扩展地方感的研究内容以及丰富文化景观研究类型,对文化地理学、环境美学、景观感知及地方感等相关理论、学科的交叉研究具有一定的推动作用,同时能够促进景观审美评价与环境美学在文化旅游地景观研究领域的应用。具体来讲,一方面,可以拓展文化旅游地尤其是城市文化旅游地景观研究的视域;另一方面,可以丰富文化景观的理论研究内涵,充实文化旅游地、旅游地理研究的内容,并且能够强化个人属性(书法属性和社会属性)在形成书法景观个人审美、书法文化认同及地方感过程中的重要作用。

(1)造成地方场所或景观差异的原因及其重要性是现代地理学的十大问题之一(Cutter,Reginald & Graf,2002)。在全球化背景下,研究地方化的文化景观尤其是具有传统特色的文化景观以解释上述学术问题,是当前人文地理学面临的重要学术课题。书法景观作为一种特色传统文化物质载体的文化景观类型,是进行中国特色文化空间或场所实证研究的典型案例。该文化景观受到环境刺激、书法文化认同程度以及审美属性的影响而产生特定的地方感知,能够很好地切合上述地理核心问题。

(2)书法是中国传统文化代表,其分布的空间意义可从文化角度进行阐释,反映了文化研究空间转向的思维模式。文化研究空间转向是福柯在后现代主义框架下发起的一次学术革命。文化空间转向强调社会空间的生产不同于资本空间的生产,是由不同个体通过自身属性对空间所进行的一种社会建构过程。书法景观属于上层建筑范畴,是社会生产实践的产物,切合了文化空间生产的相关学术议题。本质上讲,文化景观的个体感知及认同是"人-环境"相互作用关系的表征,该表征形成了文化景观地方意义的社会构建,最终带来文化空间的生产和演变。

（3）地方感是人本主义地理学、新文化地理学的重要研究议题，同时也是环境心理学的主要研究内容之一，主要包括地方认同、地方依恋等多方面。以书法景观为研究对象，探索景观对人与环境之间相互作用关系的影响，并以环境刺激的个体感知、个体审美评价及书法文化认同为基础构建书法景观地方感的作用机制模型，对丰富文化地理学研究对象、促进相关分支学科的交叉互利具有重要的意义。

1.3.2 实践意义

（1）文化遗产保护是当今社会各界以及学术界关注的热点之一。2009年，书法被联合国教科文组织纳入《世界非物质文化遗产名录》，作为中国传统文化的代表和象征符号，其传承和保护成为关系千秋万代的一项文化工程。书法景观作为以书法文化为主题的文化遗产，对传承和保护书法文化具有重要作用，例如，古代石刻碑文能够让世人更好地欣赏和临摹古代名家名书。

（2）景观"符号贫困"与城市休闲场所地方感缺失是当代最严峻的城市问题之一。城市传统文化街区的建设和更新，使得包括书法景观在内的文化景观受到了强烈的冲击和损害，因此，书法景观等传统特色文化景观的原真性保持具有一定的紧迫性和严峻性。书法景观具有丰富的内涵和多种形制类型，且文化性与观赏性（审美）兼具，物质与非物质特征共存，是突破该类贫困的重要载体。

（3）地方感的研究是践行乡愁的重要理论支撑。新型城镇化过程中更应该关注具有传统特色的文化景观的社会文化建构特征、模式和过程，让更多个体在地方文化内涵中找到归属感和认同感，让具有丰富文化内涵的乡愁有理可依。

（4）旅游中的文化影响和文化认同研究尤为重要。全球化、信息化、城市化背景下传统文化的认同是社会学家关注的热点，近些年，越来越多的地理学家以此为切入点研究人地关系在认同背景下的变化。旅游过程中的文化认同有多种形式，例如旅游目的地民族文化认同、客源地文化认同，对其进行研究有助于旅游资源开发和景区和谐秩序的建设。书法景观是书法文化认同的物质载体,也是文化旅游地重要的旅游资源,书法景观认同实质上是个体对书法文化的认同。

(5)书法景观对特色传统景观设计具有重要的实践意义。书法景观的特殊性、典型性及其人本主义解读都对特色景观的设计和场所精神的表达具有实践意义。景观设计主要是针对其功能而言,成功的案例应该是集观赏、休憩和交流需求于一身,其包含的要素主要分为自然和人工景观两种,一定程度上也能反映某一地域性特征。一方面,书法元素与景观、园林设计相结合表现了优秀的传统文化在该领域的重要作用;另一方面,景观设计也为民俗文化、民族精神等传统文化的展示和再现提供了良好平台。随着社会的进步和科技的日新月异,书法元素与景观设计相结合的形式越来越多元化(王平、陈聪,2005;周剑峰、黄丽帆,2018;尹安石,2006;颜红影,2018)。例如,书法景观的存在形式有平面的、立体的甚至抽象的。由于书法艺术本身的文化属性,书法元素的加入赋予了景观作品更深层次的内涵和意境,使景观设计具有浓郁的传统中国文化特色。以作为世界三大园林体系之一的中国古代园林为例,其可以说是中国传统文化景观的集中展示,具有相当丰富的文化内涵。中国古代园林的设计除了将中国传统的文化思想纳入自己的设计理念以外,那些书法相关的园林要素也占据了相当重要的一席之地。例如,苏州园林中诸多书法元素在渲染气氛、凸显景观之美方面功不可没,其主要表现形式有题咏、题景、匾额、楹联、斗方、条屏、碑刻等,这些景观往往集诗词、书法、篆刻等诸多形式的艺术于一身,是园林景观设计的重要内容。

1.4　研究目标

本研究参考借鉴文化地理学、旅游行为学、环境美学、环境心理学等相关学科理论,以书法景观作为文化旅游地特色文化景观的典型代表,并选取厦门书法广场和镇江焦山碑林两处书法景观文化旅游地作为调研地点,以环境刺激的游客感知为切入点,以环境美学及环境心理学的相关思维范式为出发点,以文化景观对人与环境之间关系的影响为着眼点,以游客文化旅游地多维感知为落脚点,综合运用多种技术方法,对文化旅游地特色文化景观——书法景观的游客感知进行多视角、多维度分析,并以此构建文化旅游地地方感的作用机制模型,以期为解决城市景观"符号贫困"寻找突破口,提升文化旅游地作为城市休闲空间、旅游游憩空间的功能和属性,推动精神文化场所建设,并为旅游目的地建设与发展、相关管理部门和决策部门及其他利益相关部门提供参考借鉴。

1.5 研究思路、内容和技术路线

1.5.1 研究思路

本研究是基于环境美学、环境心理学以及地方感等相关理论,结合书法景观的审美属性、文化内涵以及在营造和形成文化旅游地特殊地方感过程中的作用开展的。Sheppard 等在主观和客观性影响因素的基础上,从审美角度考虑,认为景观的感知应该考虑艺术性元素(Sheppard,2005),加之书法景观本身特殊的文化特性,故本研究在环境刺激感知及地方感中创新性地添加审美相关测量语义项(见附录 A),并尝试从景观多维感知角度考虑书法景观在文化旅游地"人-环境"关系中的作用。

书法景观是一种特色文化景观,既有景观的物质性,又有文化的非物质性。环境美学认为景观与所在环境之间存在难以割裂的关系,正如汤茂林在相关研究中提到文化景观属性的一个重要特征就是其所处的难以言表的"氛围"(汤茂林、汪涛、金其铭,2000),同时,也是人、景观、环境之间特殊关系的体现。因此,本研究首先要考虑的便是书法景观所在场所的环境特征感知。其次,书法景观是一种文化性和艺术性很强的人类活动表现形式,个体对书法景观的个人审美判断、书法文化的认同会影响到该类景观地方感的形成,故景观审美评价和文化认同是我们关注的另外两个核心内容。再次,根据书法景观的定义,其能够形成一种特殊的地方感。本研究提及的地方感既包括已有研究中涉猎的自然环境、社会文化、旅游功能认知及情感依恋等内容,又根据书法景观的属性创新性地分别加入了审美体验相关维度与审美功能认知(属于功能认知维度)。地方感模型测量语义项的增加也是基于环境美学相关思想的考量。

总而言之,根据书法景观的定义、其文化景观的本质以及相关理论,本研究从书法景观本体表征(主观审美)、外围影响(环境刺激感知、情感及行为反应等)、文化隐喻(书法文化认同)三个层面进行理解,具体涉及书法景观场所环境刺激的游客感知、情感、趋向反应、书法景观审美评价、书法文化认同和地方感六类感知内容。

1.5.2 研究内容

(1) 书法景观文化旅游地环境刺激的游客感知与反应模型构建

根据环境美学中"环境-景观"关系的理论核心观点,应用消费场所相关的"(环境)刺激-情感-趋向反应"(stimulation-emotion-approaching response, SEAR)模型,通过问卷调查收集游客书法景观环境感知的一手数据,并在此基础上探索氛围、布局设计及交流管理环境等游客感知信息对游客情感的影响和由此带来的一系列行为反应,如游客对书法景观文化旅游地的满意度、忠诚度和行为承诺。

(2) 书法景观文化旅游地游客景观审美评价分析

游客书法景观的审美评价主要可以从景观本体的审美判断和景观场所功能评价两个方面理解。基于书法景观游客知觉维度中的审美特征,运用景观审美和感知的测量语义项测度游客书法景观的主观评价,并通过文献归纳法总结构建游客景观审美评价对 SEAR 的作用模型,运用非参数检验游客社会属性和书法属性下景观审美评价的差异性,最后根据张捷等关于书法景观空间分异的相关观点(张捷、张宏磊、唐文跃,2012),探索景观审美评价主观感知的空间规律。

(3) 书法文化游客认同研究

景观具有文化隐喻特征,书法景观的实质是书法文化的景观化。无论是书法景观场所感知的构建,还是书法景观的审美和评价,都离不开对书法文化的态度,这是一种从认同角度出发的对书法文化的认知判断。本研究基于此,借鉴已有的文化地理学、社会学、心理学等相关研究成果,从文化自豪感、文化归属感、文化依恋感三个维度测量游客书法文化的认同特征,并利用ArcGIS的技术和非参数检验揭示书法文化认同的空间差异、社会属性和书法属性差异。

(4) 书法景观文化旅游地游客地方感的特征及其作用机制探讨

地方感是人本主义地理学、环境心理学的核心研究内容,在权威的书法景观定义中,张捷认为书法景观构建的是一种人与景观之间的地方感,并在相关研究中指出书法景观是审美日常化的一种重要标志(张捷,2003;张捷,2011a)。基于此,本研究在总结已有旅游地理、文化景观等相关研究领域地方感特征测量的基础上,提出了包含审美维度的地方感特征,并构建了游客书法景观地方感的作用机制结构方程模型,前向作用因素包括环境刺激、景观刺激(书法景观审美评价)和文化刺激(书法文化认同),后向影响因素涵盖了地方感所引起的趋向反应(满意度、忠诚度及承诺)。

1.5.3 研究结构

本研究分为八个章节,第1章(绪论)主要从问题缘起、研究背景、研究意义及研究思路四个方面进行说明,并强调了研究是以景观对"人-环境"之间关系的作用为主线,明确了书法景观的"三层六维"研究框架;第2章(相关研究综述)从概念解析入手,重点总结了文化旅游研究中的认同议题、书法景观研究中的相关内容、(文化)景观审美(评价)有关内容,以及 SEAR 在旅游、环境心理及经济学研究中的相关进展;第3章(研究理论与方法)意在阐述本研究所涉及的主要理论和方法,并介绍相关技术与具体方法;第4章主要依据已有消费场所的 SEAR 模型,实证研究镇江和厦门两个书法景观案例地中该模型的有效性,并进一步揭示环境刺激游客感知受不同个体属性的差异性影响及其空间分布特征;第5章主要构建书法景观审美评价对 SEAR 模型的作用,分析游客书法景观审美评价在不同个体属性上表现的差异,并揭示了审美评价的空间分布特征;第6章主要剖析书法文化认同的维度特征,检验书法文化认同与 SEAR 模型之间的假设关系,并探索书法文化认同在个人书法属性和社会属性上的差异及空间分布特征;第 7 章解释书法景观地方感的特征,尝试从环境、文化及审美等方面构建书法景观游客地方感的作用机制结构方程,并揭示地方感的空间分布特征及其在个人属性上表现出的差异性;第 8 章阐述本研究的主要结论、研究不足与展望。

1.5.4　技术路线

基于本书的研究思路、内容及研究方法,对研究框架和技术路线进行科学设计,详见图 1-1 所示。

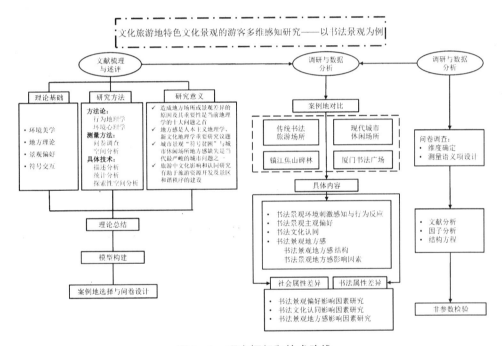

图 1-1　研究框架和技术路线

第 2 章　相关研究综述

2.1　书法景观研究

2.1.1　书法景观概念辨析

书法景观(Calligraphic Landscape)是指"由成批书法作品在特定地理空间范围内集体展现而形成的具有特殊外部视觉特征和特殊地方感的场所环境"(张捷,2003)。同样地,借鉴文化景观的相关定义,书法景观也被认为是书法家将自己的有意识活动通过改造自然环境表现出来而形成的一种既包括物质文化特征又包括非物质文化特征的文化形态地理复合体(吴慧平等,2002)。根据载体和视觉特征的差异性,书法景观具体包括摩崖石刻、楹联、碑林、牌坊、招牌等多种形式。

书法景观的学术关注始于 21 世纪初,主要从地理学、心理学、景观学等多学科出发进行交叉的、系统的理论和实证研究。宏观研究较少,大都集中在书法文化与文化区划(冯健、胡牧,1999;冯健、张小林,1999)、书法文化与自然环境之间的关系(吴慧平,2001)等方面。而微观方面研究较多,相关文献多从书法景观的视觉受众——个体角度出发,将书法景观作为一种文化符号、旅游意象的特殊载体,研究个体在与书法景观的交互作用过程中产生的感知或知觉特征。同样的,也有相关文献以书法景观本身的属性为切入点研究其空间分异规律以及由此产生的地方意义(张捷等,2012)。书法景观本质上是一种传统特色文化景观(张宏磊、张捷,2012),因此,其具有文化的非物质性与景观的物质性,是拥有双重价值内涵的地理学人地关系的物质表现形式。书法景观的产生同样具有其特殊的地理环境特征和人文因素,其展现的独特地方感是对书法或者其所在地方背后隐形文化价值的一种认同过程,同时也是书法景观对"人-环境"关系作用的一种反映。在这个过程中,人类学的因素起到了关键的作用,如个体特征的差异性以及对文化景观的喜恶、美丑判断,也就是说个体对书法文化的认同或是审美评价都将在这个过程中起到举足轻重的作用。随着文化旅游的兴起,书法景观作为一种旅游资源在文化旅游地、城市休闲空间的社会构建、审美体验以及地方(文化)认同等方面起到了积极的促进作用。

2.1.2　相关议题

(1) 书法地理研究

地方的本质是人与场所的情感联系作用在物质和非物质空间/景观而形成的情感地理单元。物质和非物质空间/景观的有力代表之一便是书法景观,书法景观在地方感形成、地方营造、文化空间生产等过程中起到了积极重要的推动作用。

书法地理相关研究最早可以追溯到古代文人对书法艺术风格的区域差异分析,最为流行的观点就是"北碑南帖"之说。清代冯班在《钝吟书要》中讲到"画有南北,书亦有南北"。随后,清代朴学家阮元关于书法受环境影响的论著《南北书派论》和《北碑南帖论》从区域角度研究书法艺术风格,他认为北派"中原古法,拘谨拙陋,长于碑榜",南派"江左风流,疏放妍妙,长于启牍,减笔至不可识"。梁启超同样认为地理环境对人们的审美情趣具有一定的影响,进而演化出不同的书法风格,其在《饮冰室》中写道:"北以碑著,南以帖名。南帖为圆笔之宗,北碑为方笔之祖。"

到了近现代,地理学视角的书法研究自 20 世纪 90 年代后期逐渐为人们所熟知。当时,书法地理相关研究议题多根据书法家、作品种类及书写风格地域上的差异对书法中涉及的空间特征、人地关系等地理问题进行阐释,如冯健、张小林从文化区划的角度阐述了世界书法文化分区及其各自特征,并对各文化区书法文化进行了述评(冯健、张小林,1999);吴慧平等从历史地理视角对魏晋南北朝时期书法家及其各自代表作品的空间分布特征、代表的文化流派进行了梳理和考证,并从文化传播的角度对书法文化扩散、变迁做了翔实的解释(吴慧平,2003);同时,还有学者用人地关系的地理学视角对书法地理学进行进一步的梳理和探讨(张捷,2003)。此外,董明辉等通过对古代中国地理位置的封闭性、自然环境南北差异、人文环境内部复杂性进行分析,得出结论:中国书法封闭空间的稳定性、南北差异性及风格多样性等与自然环境存在客观联系(董明辉、吴慧平,1997);曹诗图从文化地理学角度分析了生态环境对中国书法艺术形成和发展的影响,认为地理环境能够影响个体的性格气质,进而对书法文化作品风格产生一定的影响(曹诗图,2006)。

(2)书法景观研究

书法地理研究宏观的书法现象分布和发展规律,不同的地理环境造就了不同的书法风格和审美观点,而书法审美中的自然景观描述功能也会因地而异。在文化地理解析的基础之上,张捷探讨和重新定义了书法景观的概念,并以书法景观为例讨论建立书法地理学研究体系的必要性(张捷,2003),同时尝试构建系统的书法文化链和大书法文化发展战略(张捷,2006)。实验美学认为审美可以通过计量分析的方法开展研究,而构建书法景观的审美维度有利于评价书法审美受众的行为反应;当前的研究方法主要集中在实验美学、实验心理学等方面,应用在书法景观知觉、书法景观与地方关系等研究内容上,进而对比分析书法景观的地理区域性差异。

作为一种特色的传统文化景观,书法景观的地理意义可以理解为在一定的空间范围内展示书法文字所具有的审美特征和特殊地方感。后现代主义哲学认为,文化景观的构建是建构主义的地理表现形式之一。书法景观原真性的构建过程就是书法景观欣赏者自身建立起来的一种书法真实性的感知和认同。同时,书法景观的符号意义是书法文化的重要表征。新文化地理学代表人物 Denis Cosgrove 曾指出,文化景观的研究既要关注其形式功能,又要关注其隐喻文化的社会关系和文化内涵。周尚意、孔翔、朱竑(2004)同样认为表征是文化的重要概念之一,也是理解文化景观符号意义的重要途径。

书法景观的产生是审美标准立体化表现,在诸多城市建设、休闲场所或旅游场所方兴未艾。例如,张捷等通过书法景观在南京旅游资源概念规划中

的应用,分析了构成书法景观的基本要素及其在城市景观规划中的重要性
(张捷、张静,2004)。与此同时,书法元素或景观小品在现代城市新兴城市休
闲广场中往往扮演着重要角色,如厦门书法广场以及临沂书法广场。而关
于城市休闲场所中以书法元素为主题的景观设计和建设的相关研究也有出
现,如张捷等运用景观知觉理论调查了大学生群体对城市中书法景观的知
觉维度,发现个体的书法景观知觉维度可以从书法特征、物质载体、表现形
式、知觉发生的时间、所在场所环境及个体的价值判断与心理反应等六个方
面理解,并根据被试者的视觉频次客观地将城市书法景观分为景点、与人们
生活息息相关的场所、新闻媒体和广场三种类型。随后,他们还通过跨文化
区域对比进行了北京琉璃厂、南京夫子庙与日本银座三种不同场所类型的
城市书法景观认同研究。此外,一些其他领域的学者也对城市书法景观产
生了一定的兴趣,如于晓等以临沂书法广场为例探讨了书法与园林艺术的
关系并对书法在临沂书法广场的应用形式进行了详细的分析(于晓、凌晨,
2012),而李雪耀则以厦门书法广场为例,分析了书法艺术在景观设计中的
应用(李雪耀,2011)。

2.1.3　研究述评

书法景观是具有中国特色的传统文化景观和文化符号的典型代表之一,
是城镇文化景观的重要组成部分,同样也是旅游和休闲过程中的重要符号代
表(Olwig,2005)。书法符号景观研究集中在对园林景观对自然、道德理念等
象征性空间的关注(Tuan,1994)、题咏景观与中国文化及园林的关系(许晓
明、刘志成,2016)、中国景观体系中的语言文字景观(吴必虎,2004)等方面。
此外,有学者认为书法景观具有符号效应,表现在书法鉴赏、文化象征、审美
引导等方面(唐文跃,2014)。据此,书法景观符号效应也可理解为人与景观
相互作用的产物,对场所精神形成及环境行为产生具有一定影响,在旅游景
区文字景观设计、景区文化氛围营造甚至城市文化景观设计等方面具有指导
意义。

已有书法景观研究集中在美育(张捷,2011a)、艺术设计(李雪耀,2011)、
城市规划(马亚,2012;王凯,2009)、建筑学(李雪耀,2011;党东雨、余广超,

2014)及地理学(张捷,2003;张捷等,2012;吴慧平、司徒尚纪,2002;张捷、张宏磊、唐文跃,2012)等领域,被视为一种文化符号(Zhang, et al., 2008;唐文跃,2014),用以揭示其在城市空间生产(张捷,2010)、地方营造(党东雨、余广超,2014)及集体记忆形成过程中的符号作用。作为一种旅游资源,相关研究多从关注书法景观对旅游目的地地方感的形成(张捷等,2012;肖潇等,2012;蒋长春、张捷、万基财,2015)、文化认同(张捷等,2014;肖潇等,2012)和旅游目的地意象建构(柯立、张捷、李倩,2010;尹立杰等,2011)的影响。众多学者,尤其是张捷等对书法景观、书法文化的地理学视角进行了详细而全面的人本主义研究,然而,已有的研究却忽略了一个问题,那就是景观与所在环境的密切关系。环境美学相关理论认为景观与所在环境之间是不可割裂的。因此,本研究结合消费场所的 SEAR 模型,将书法景观作为一种审美对象、消费产品进行研究,在构建环境刺激维度的时候加入了自然环境的感知、审美等测量语义项,为已有的书法景观、书法地理乃至文化景观研究提供一种全新的研究思维范式,也为城市景观建设、景区景观建设提供先验性的理论研究思路。

2.2 "(环境)刺激-反应"相关研究

2.2.1 环境刺激

环境刺激的理论模型基础可以是客观情境行为模型、主观情境行为模型以及在此基础上演变而来的简单决策模型、M - R 模型等。

(1) 客观情境行为模型

基于刺激-机体-反应(SOR)的理论框架,贝尔克在 1975 年提出了客观情境行为模型(Belk,1975)。贝尔克认为环境刺激可以划分为情境(situation)和对象(object)两大类,后者即产品或服务。他认为在消费环境中最直接的刺激源是产品和服务,而客观存在的情境也应该被考虑。贝尔克所提及的情境因素其实可以概括为客观存在的诸多因素:① 物理环境(physical surroundings),其涉及地理位置、光照、声音、颜色、气味、装潢、空间布局和其他相关因素;② 社会环境(social surroundings),它主要是由消费环境里出现的个体所构成的,如同行人员或是服务人员等;③ 时间视角(temporal perspective),主要表达的意思是消费者行为受到时间的影响,如旅游中的淡旺季;④ 任务内容(task definition),是指发生消费活动的原因,与消费动机有着异曲同工之效;⑤ 前情状态(antecedent states),涉及情绪、暂时心态等非持久性的个人心理特征,也就是说前情状态是处于某种环境或是自身某一个时间点突然出现的心情低落或高昂的短暂状态,但平时这些状态并不是一直存在于心中的。据此,贝尔克构建了相关的概念架构来说明刺激物与个体行为之间的简单关系(图 2-1)。

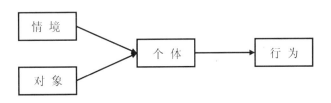

图 2-1　客观情境行为模型(资料来源:Belk,1975)

(2) 主观情境行为模型

与客观情境的观点不同,一些学者认为情境的内涵更多的是主观知觉反应,即主观情境学派。他们认为在消费环境中个体的反应是知觉范畴的,主要是指由于受到外界环境刺激而产生的个体心理状态变化,其结果是能够影响个体的消费行为(Lutz & Kakkar,1975)。从这个层面理解,该理论框架下的情境其实是独立于消费者和客观条件之外的,其结果就是通过决策过程来影响个体的行为反应,其所描述的概念模型如图 2-2 所示。

图 2-2　主观情境行为模型(资料来源:Lutz & Kakkar,1975)

(3) 基于主-客观情境的简单决策模型

在上述两种理论模型的基础上,有学者提出了将两者进行结合的观点。

亨利·阿塞尔等结合客观情境、主观情境以及其他相关模型,对已有的情境行为理论模型进行了完善和改进,他认为无论是情境、产品还是服务,它们之间的关系并非单向而是相互的(Assael,1998):一方面,消费者必须能体验和了解情境或商品的刺激,才能产生决策和购买行为;另一方面,购买行为又会影响产品和服务的改进。这种观点下提出的理论模型即简单决策模型,如图2-3所示。

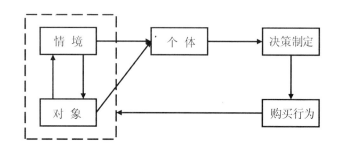

图 2-3 基于主-客观情境的简单决策模型(资料来源:Assael H,1998)

(4) 简化情境的 Mehrabian-Russell 模型

上述环境刺激的三个理论模型的构建详细讨论了刺激源与个体之间的关系。然而,它们所理解的情境包含的内容复杂、范围太大,不太适合实证研究。基于此,Mehrabian-Russell(M-R)模型将情境定义为狭义的氛围感知用以解释封闭消费环境对个体的刺激(Mehrabian & Russell,1974),该模型被后来的学者不断完善和修正(Donovan & Rossiter,1982;Donovan,Rossiter,Marcoolyn et al.,1994)。与 M-R 模型较为类似的还有 Kotler(1973)针对商店氛围所提出的情境定义及其刺激源内涵,它们均是以"刺激-有机体-反应"架构为理论基础发展而来的。该模型认为个体对消费氛围的感知有赖于有效和合理的空间设计,从而可以影响到消费者的情绪,最终引发个体购买行为。从结构特征上看,M-R 模型由环境刺激、情感状态及行为反应三大部分构成。其中,环境刺激可以从高负荷环境(high-load environment)和低负荷环境(low-load environment)进行解读;情感状态则可通过愉悦感、激发感、主控感等描述;行为反应则主要可以分为趋向反应(approach)和逃避反应(avoidance)。概括来讲,M-R 模型主要反映了环境刺激与个体特定的情绪状态以及个体行为反应的关系,概念模型如图 2 - 4 所示。

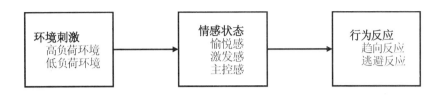

图 2 - 4　Mehrabian-Russell(M - R)理论模型(资料来源:Mehrabian 和 Russell,1974)

　　M - R 模型虽然在情感状态、行为反应两个维度的内容相对较为丰富,但是其关于刺激来源环境的分类较为简单,这是由于 Mehrabian 和 Russell 认为不存在具有普适性的实体环境作为研究和分类对象,故特定分类方法的应用无法实现(Mehrabian & Russell,1974)。对此,Baddeley 和 Mehrabian 在之后的研究中尝试将物质环境中的刺激概括为环境负荷(load of environment)加以理解、衡量(Baddeley & Mehrabian,1976)。所谓环境负荷,就是环境传递给个体的信息率(information rate),他们认为环境对个体的刺激主要是指视觉、听觉、嗅觉乃至触觉等感官刺激,任何环境都会引起感官的刺激,只不过刺激程度和个体接受刺激的程度不同而已。环境负荷的高低,是指环境传递信息率的多寡,环境负荷高时比较容易产生激发的情绪(Baddeley & Mehrabian,1976)。从实证角度看,结合个体感官接受环境信息的程度,环境负荷的结构被概括为新奇度和复杂度两个主要测量维度。个体对所处环境的惊奇、新鲜、陌生等感知被认为是环境新奇度,也可以理解为个体对环境提供信息的熟悉程度。复杂度则涉及环境提供信息的种类多少,信息种类越多,个体感官接收全面信息的难度越大。学者们进一步阐述了新奇度、复杂度与环境负荷高低的内在联系,新奇度或复杂度越高表明该环境属于高负荷环境,并且其能够直接产生的情感状态以激发感为主,即在高负荷环境刺激下,个体更容易产生兴奋、刺激等情绪;反之,环境负荷越小,个体则越容易产生平静、放松、枯燥甚至昏昏欲睡的感知。关于环境刺激分类,除上述二分法之外,其他学者还采用了较为多元的分类方法对其进行实证研究。例如,Kotler 以个体的基本感官为依据把环境刺激分为视觉、听觉、嗅觉及触觉等四种类型(Kotler,1973);随后,Baker 等认为环境的刺激应该从气氛因素、设计因素及社会因素三方面解读(Baker,Grewal & Parasuraman,1994);同时,Berman 和 Evans 在他们研究零售业管理的著作中将环境分为外在维度、室内维度、安排和设计维度及装潢维度等(Berman & Evans,1995);接着,Turley 和 Milliman 则在他们的研究基础上增加了人体变量(Turley & Milliman,2000)。除了对环境刺激进行分类以外,还有一些学者对消费行为的环境因素进行了调查(Westbrook,1981;Janda,Trocchia & Gwinner,2002;Ho & Lee,2007)。此外,还有学者关注其他案例(如网络购物和媒体)中存在的环境类型差异。例如,Eroglu,Machleit 和 Davis 用任务相关来区分网络商店购物环境的类型,即高任务相关环境和低任务相关环境(Eroglu,Machleit & Davis,2003)。

(5)环境刺激具有有效的营销功能

环境刺激被认为是整体消费产品最有效的功能之一,因为环境提供了一个消费有形产品或无形服务的场所(Lee,2014;Kotler,1972)。在此情况下,场所的氛围在产品消费或行为决策过程中的作用反而大于产品本身,因此,Kotler 称之为"氛围"的场所环境属性已经成为产品提供方或服务组织有效的营销手段之一。气氛可以理解为参观者对"精心设计的购物环境"的一种感知,使得参观者能够产生积极的情感,从而影响到他们购物的行为意愿,增加购买产品的可能性(刘力等,2010;沈鹏熠,2011)。一般地,氛围用于描述参观者对周围环境的感知质量,其主要通过感觉如视觉、听觉、嗅觉及触觉等产生(Lee,2014)。已有的周围环境的氛围感知研究主要集中在阐述某一特定环境中氛围对人们行为的影响方面,如对环境的偏好(van den Berg,Boole & van der Wulp,2003)、认知(Larson,Freitas & Hicks,2013)、评估(Rojas,Pino & Jaque,2013)及消费者行为(Lee,2014)。Mehrabian 和 Russell(1974)发现氛围能够降低个体对环境质量感知的愉悦度,同时却提高了兴奋度,导致个体对此类环境产生一种回避反应。除此之外,零售业和服务市场学的相关学者利用经验主义范式研究氛围的刺激作用是如何让个体产生情感和积极的决策行为的。他们分别就某一种或多种氛围因素进行了分析,如颜色(Bellizzi & Hite,1992)、背景音乐(Dubé & Morin,1995;Spangenberg & Yalch,1990)、气味(Chebat & Michon,2003;Spangenberg,et al.,2006)、杂乱或清洁(Bitner，1990)以及典型特征(Barry & Laurie，2001)。例如，个体一旦感觉某消费场所没有其典型性就会表现出不安和激动，而典型性或特色是吸引个体再次参观的重要影响因素(Barry & Laurie，2001)。

综上所述，环境刺激是指环境作为特定地方或空间能够使人们产生一定反应，包括情感的或是行为的一切自然的或是人工的因素总和。换言之，环境是行为产生的刺激源，而对景观或环境的认知加工建立在环境与个体之间相互作用产生的"刺激-反应"过程之上，也就是说，景观知觉、偏好是景观刺激与被试者之间的中介。在旅游经济等经济研究中，购物环境充当刺激源对置身其中的个体产生一定的作用，产生某种购物行为、忠诚度等(刘力等，2010；沈鹏熠，2011；Lee，2014)。此处的环境刺激既包括有形的设施，也包括无形的气氛，如昏暗、视野、颜色、声音、气味、拥挤程度等(刘力等，2010)。同时，"刺激-反应"理论是研究审美、地方、心理行为及行为意愿等内容的重要理论之一。环境美学家认为景观的审美与所在环境息息相关，纯粹美学凌驾于生活之上将景观单独割裂开来进行研究的思路并不科学。景观"美"的生成源于人们对其的感知或认知，而景观知觉得益于个体置身环境所产生的视觉刺激。

2.2.2　游客情感

情感的概念和范围比较广，此处所指的游客情感是指一种情感上的反应，如喜怒哀乐等外在的情绪流露，也可以理解为一种心理层面的感知(Yan，et al.，2016)，主要包括正面和负面两个层面的情感，如愉悦、兴奋、悲伤和愤怒(吴丽敏，2015)，宏观上也包括地方概念中所强调的情感依恋。对游客来讲，情感是决定满意度、行为意愿及下次出行决策的重要影响因素。例如，有学者指出情感是游客对自我需求能否得到满足而表现出来的一种态度体验(Yan，et al.，2016)，也有学者认为游客情感是游客产生的以旅游及其所有相关要素为对象的心理过程(邹本涛，2010)。此外，有学者认为环境刺激是游客情感产生的重要原因，并将游客情感定义为游客在环境刺激背景下通过个体对环境的感知和与其他人的互动交流而产生的一种生理反应、主观状态(吴丽敏，2015)。

旅游过程中，情感也是游客的一种体验，有学者在研究黑色旅游游客体验时就曾指出游客体验可以从情感和认知两大层面去理解（Yan，et al.，2016；颜丙金等，2016），该观点是 Chon 关于旅游五大体验类型的进一步概括，而有学者也曾将情感列为旅游动机的重要组成部分（Bosque & Martin，2008）。除此之外，情感还有满意度、行为、态度及人际互动等重要影响因素（刘丹萍、金程，2015）。当然，影响情感产生的因素错综复杂，主要可以从主客观两方面理解，主观因素是指自身生理、心理等特征，客观因素中最为全面和概括的当属环境刺激。旅游过程中的环境不同于日常生活的惯常环境，旅游环境独特的属性首先被游客所理解和感知，并转化为情感反应、趋向反应。其他相关观点见表 2-1。

表 2-1　游客情感研究文献梳理（部分）

作者	主要观点	前向影响	后向影响
Mitas，Yarnal & Chick(2012)	个体的情感受到社会情境的作用而表现出的积极的和消极的情感，积极的情感又会促使个体产生强烈的社区感和行为反应。	特殊的事件和对象	行为、表现和认知
Hosany & Martin (2012)	快乐、目标一致、内在的自我包容与情感具有积极相关关系，而外在自我包容则相反。	目标一致性、确定性、新奇性以及内外自我包容性等	—
Carnicelli-Filho，Schwartz & Tahara (2010)	一些特殊的游客活动本身就能引起游客产生恐惧感，而游客的想象力、认知力等又对该情感的产生有一定的推动作用。	活动或事件本身、认知力（即假想）	—
Ma，et al.(2013)	情感与评价性因素关系密切，如目标重要性、目标一致性、目标可实现性、新颖性和目标兴趣等评价性因素。	—	
Lee(2014)	游客情感与满意度、心理承诺一起建构起节日氛围对忠诚度的中介效应。	环境刺激：氛围、布局和服务	满意度、忠诚度和承诺
Lee，et al.(2008)	比较不同场所的游客回忆与评价实地情感时发现积极的情感一致性最高。	年龄、受教育程度、民族等个体属性	—
Yan，et al.(2016)	黑色旅游空间中的情感反应对情感体验的作用比认知体验更为显著。	景观、空间氛围、视觉刺激	游客体验

广义上讲,地方概念中的情感依恋同样可以被归为本节所指的情感范畴,其同样受到环境感知的影响。例如,有的学者在调查山区环境条件的感知与他们的地方依恋之间的关系时发现,地方依恋的两个维度——地方认同和地方依赖对环境感知具有相反的作用(Kyle, et al., 2004)。当然,也有学者认为地方认同和地方依恋是环境感知的不同表现形式,两者之间既有差异,又有莫大的关联(Rollero & Piccoli, 2010)。

2.2.3　趋向反应

环境心理学研究中的刺激理论认为,环境是一切生物产生行为的刺激因素。面对环境的刺激,人们表现出两种行为反应:趋向和逃避(Lee, 2014; Russell & Mehrabian, 1978)。所谓趋向和逃避是一种心理现象,指的是人们在一定环境刺激下产生的积极的靠近行为或消极的躲避行为(Lee, 2014)。其中,趋向行为主要包括向特定环境物理运动;注意和探索特有环境;通过语言和非语言的交流(如审美评价)表达对特定环境的赞许,促进人与特定环境的社会交互(如归属关系、吸引力和评价)以及对其表达满意(Russell & Mehrabian, 1978)。逃避行为是应对环境刺激的消极反应,主要包括与趋向反应相反的行为,如离开、漠视或逃脱某种环境。本研究主要关注的是趋向反应,其说明人类具有生物最基本的生理行为,并且易受环境影响。该概念连同环境刺激、氛围吸引被用来研究日常或是旅游过程中的消费行为,且不同的消费行为大都受到购物氛围的影响。

Lee 等(2008)在研究节事活动时认为趋向反应除了是一种物理行为外,还是一种心理行为:满意度、承诺和行为意愿。已有的服务和旅游文献中,心理行为主要是在零售商店环境刺激下产生的消费者反应。例如,Donovan 和 Rossiter (1982)的研究表明零售商店环境中的趋向反应包括了商店光顾意愿,随时搜索商店提供的产品和服务的意愿,与商店的销售人员互动的意愿,增加时间和金钱支出的意愿,以及重复到该商店购物的意愿。同样,Yüksel (2007)以旅游目的地购物环境为研究对象,指出其引发的情绪会影响游客的重游意愿和感知价值等反应。在酒店环境中,Barsky 和 Nash(2002)则通过调查论述了酒店顾客的情绪对顾客忠诚度的显著影响。具体来讲,这些学者发现一些情感反应如舒适,在与支付意愿和重购意愿等趋向反应相关的决策过程中扮演着重要的角色。Bigne 和他的合作者也表述了游客快乐的情感与其满意度、对主题公园的忠诚度以及愿意支付更高的价格直接相关,而兴奋则是快乐与主题公园体验认知评估之间关系的重要中介变量(Bigne,Andreu & Gnoth,2005)。Lee 等(2005)在事件、节庆的背景下研究了游客对举办国际体育赛事的旅游目的地形象感知与游客重游意愿和推荐意愿之间的潜在关系。研究人员发现,游客对旅游目的地的好感和对服务质量的积极感知能够产生正面的情感反应,同时,后者对游客的满意度和推荐意愿有显著的正向影响,但对游客的重游意愿并不存在这种影响。随后,Lee 等(2008)又将趋向反应应用到国际文化节情境中,探索了不同的环境刺激与情绪、满意度、忠诚度之间的关系。这些学者发现,游客对环境特征某些属性的感知,包括食物和设施质量以及节目内容,都会直接和显著地影响到趋向反应中的满意度及他们对此类节事的忠诚度。虽然上述文献均对趋向反应做了初步研究,但是或多或少地表现出不同调查方法的局限性以及对承诺这一趋向反应的缺失,他们的研究均未能在模型中包含承诺这一重要维度,而游客心理上的承诺被认为是实现真正忠诚度的必要构成(Pritchard,Havitz & Howard,1999)。这些研究成果使用了较为单一的问题项来衡量未来游客重游意愿,并没有揭示游客忠诚度的复杂之处和全部特征。更重要的是,已有的研究在解释忠诚发展过程的理论构建方面较为薄弱。为进一步构建相应的理论框架和指标的普适性,Lee 等(2008)提倡在不同情境下考虑情感对游客忠诚度的影响,以更好地理解不同的环境刺激和文化维度语境下趋向反应的多样性。

　　游客承诺是趋向反应的重要内容之一。已有相关文献表明,参观者的承诺对忠诚度有着至关重要的影响作用,如参观人群对服务提供者和娱乐休闲活动情境下的心理承诺是理解其忠诚度的重要变量。然而,个体的心理承诺建构与测量在旅游情境中却很少受到关注,尤其是鲜有实证方面的研究。游客的心理承诺被称为"对品牌的情感或心理依恋"(Pritchard,Havitz & Howard,1999),体现在个体将自身心理反应绑定到一致的行为上,即不考虑任何外部因素,例如缺乏替代品、其他选择的可用性和非自愿选择等,都会对品牌或目的地保持忠诚。承诺的强度是一种复杂的因果结构,在这种结构中,个体的承诺行为取决于其对变化的抗拒程度。原因有三:① 个体认同和偏好与其相关的重要价值观和自我形象;② 个体的动机是寻求信息的复杂性与个体偏好背后认知模式的一致性;③ 个体能够自由地做出有意义的选择(Pritchard,Havitz & Howard,1999)。从这个意义上说,承诺被认为是忠诚这一态度产生的心理基础和必要的心理行为,这种观点也是重游意愿产生的积极因素之一(Pritchard, Howard & Havitz, 1992;Kyle, et al., 2004;Pritchard,Havitz & Howard,1999)。

游客忠诚是一个由感知到态度、由认知到行为等构成的多维结构。尽管已有研究认为不同的产品类型和行业忠诚的维度表现出不同的重要程度,但忠诚度在概念上是通过顺序模式发展起来的(Oliver,1999)。具体地说,首先,游客会对某一品牌产生认知上的忠诚,因为他们认为该品牌的属性优于其他品牌的属性。其次,游客对品牌的情感依恋是通过使用后满意度(即态度忠诚)的累积而产生的。一旦形成了这种依附关系,游客很可能只对该品牌保持忠诚,而不考虑情境因素和竞争对手的营销推广等阻力的影响。再次,游客会表示有意愿购买同一品牌(即意愿忠诚)。最后,上述这些因素共同产生了重游或重购的意愿(即行为忠诚)。

已有相关研究还从实证主义视角出发,定量研究了休闲和服务环境下的个体心理承诺对忠诚度的直接影响。例如,Pritchard 等(1992,1999)制定了专门检测个体承诺的问卷量表,并分析消费者对酒店、航空等旅游相关行业特定品牌的承诺与忠诚度之间的关系。研究人员发现,个体承诺就是能够让顾客不改变品牌偏好,这也是实现忠诚度的一个关键测量因素,他们还进一步从态度维度和行为维度两个层面的组合入手来构建个体承诺。随后,Kyle等(2004)使用 Pritchard 等学者测量承诺的方法,对沿阿巴拉契亚山脉徒步旅行者的参与、心理承诺和行为忠诚之间的结构关系进行了探索性研究。研究结果表明,行为忠诚受到环境和娱乐活动中对变化抵抗的正向影响,这在很大程度上可以解释为远足者对特定环境和活动具有较为强烈的自我认同,不会轻易改变。

承诺在调节满意度和忠诚度之间的关系中也扮演着非常关键的角色,也就是说,对产品和服务的积极评价与满意也促进了对品牌的承诺,进而能够最终引起消费者重新购买和推荐购买的行为意愿(Lee,2014)。除此之外,Bloemer 和 Odekerken-Schroder(2002)通过研究在购物场所进行日常消费的欧洲人群的忠诚度发现,不同人口统计特征的被调查者对消费场所的忠诚度具有一定的差异性。同时,研究还发现,诸如正面影响、消费者关系倾向及店铺形象等不同的前向因素会对满意度产生一定的正向作用,并且这些因素可以通过信任和承诺对忠诚度(即口碑、价格不敏感、购买意向、投诉行为)起到间接的影响。此外,满意度主要通过个体的信任对承诺产生积极的正向影响,进而影响到个体对商店的忠诚度。然而,在商店忠诚度方面,个体承诺对购买行为有较强的正向影响,但对投诉行为却没有这种影响。

2.2.4　研究述评

环境行为学中的人和环境的范畴,首先是某个社会文化中的人和环境。在特定的社会文化以及社会文化的局部范围中进行环境行为研究时,还应该关注文化层面,以更宽广的视角来把握人以及环境在不同社会文化中的表现形态,才可能更广泛深刻地理解人与环境关系的内涵,从而为构筑人与环境系统提供新的启示。环境刺激与趋向反应相关研究多出现在消费学框架下的购物环境研究中,应用到旅游研究中也并没有完全脱离个体对消费场所的感知。作为一个环境心理学的重要概念和内容,环境刺激感知在提高游客体验质量、增加满意度及促进旅游地的品牌效应等方面功不可没。与此同时,环境美学却将其与审美、景观感知、知觉模式研究相结合,确立和强化了环境在个体审美过程中的调节效用,并将环境的视觉审美作为一种预测和指示个体行为的重要因素。遗憾的是,在众多的景观,尤其是文化景观研究中,关注此类研究范式的学者并不多见。除此之外,游客情感在上述过程中起到了明显的中介作用。情感的研究从最初的纯心理量表的测量到被众多学科领域广泛研究,旅游地理学、人本主义地理学抑或情感地理学研究的聚焦点则更多的是情感如何依附空间并从心理学角度阐释人地关系,同时,其还是空间与地方辩证关系的重要交叉点。然而,景观作为环境或空间的人地关系表征,其本身便隐喻着一定的情感色彩,这一点却往往被研究者所忽略。

2.3　景观感知与审美评价研究

美学家和道德哲学家认为：感知包括对象对心灵之影响的本质（即这些对象引发的情感），这些影响的原因以及因果关系。在美学家眼中，景观之美既有被开垦的、平滑的、安详的、和谐多样的及渐进的秀美之景观（即有边界之景观），也有荒野的、崎岖的、超越人们想象的、广阔无垠的崇高之景观（即无边界之景观）。后者的无限性让观察之人产生了敬畏之情及永恒之念。如画之特质在上述两种类型景观中均存在，并能够使想象力形成通过眼睛感觉的习惯。环境美学的核心观点是环境与景观不可割裂的关系，无论是作为日常生活背景的环境还是"暂居者"眼中的环境。

2.3.1　景观感知

景观感知是个体通过特有的方式对景观的特征、隐喻及象征内涵进行解读的过程（Walmsley & Lewis，1984），是一种基于行为心理学、环境心理学、人本主义地理学视角的景观评价和体验。人本主义学者认为获得现实感知的具体路径之一便是调动所有的感官积极地思考环境及其包围的景观。景观与人之间的影响关系、景观类型对个体感知、评价及态度等都是人本主义地理学、文化地理学等研究的重要内容（Larkin & Peters，1983；汤茂林、金其铭，1998）。

相关研究中景观感知与景观评价在一定程度上研究内容是对等的。景观评价的方法可以从主观和客观两大类型进行区分：第一类是客观主义范式，该范式强调景观具有先天固有的质量和品质，在景观评价等研究中最为常用；第二类是主观主义范式，该范式主要是通过个体主观地感知景观存在的价值，并通过已有体验或社会属性以及景观所处环境的刺激来解读景观隐喻的价值或文化内涵。诚然，景观的客观属性是游客景观感知或审美评价的基础，然而游客作为旅游行为的执行者和旅游资源视觉刺激的接受者，旅游行为的产生摆脱不了游客对景观的评价和感知。Zube 等人在总结概括前人研究的基础上,提出景观感知的四大研究范式,即专家范式(expert paradigm)、心理物理范式(psychophysical paradigm)、建构范式(experiential paradigm)和认知范式(cognitive paradigm)(Zube, Sell & Taylor, 1982)。专家范式也被众多学者称为"正式审美"(景观质量的评价是由专业的训练良好的专家学者进行的主观判断),但该范式存在一定的主观性和随意性,受个体主观情绪、社会属性的影响较大;心理范式强调感知的主体应该由普通受众通过随机抽样进行选取,从而了解个体对景观质量的感知、评价等心理特征,其核心思想是将景观视为独立于个体之外刺激属性的范畴,无须通过观察者"感知",景观便能展示自身属性;建构范式也称经验范式,是基于人地关系的一种社会构建过程,核心思想认为景观的价值存在于人与景观的相互作用的不断演变中,且主客双方具有显著的影响作用,但该类范式提出时间最短,实践研究最为薄弱;认知范式在景观感知研究的早期阶段主要关注生物学、生态学中人们生存环境的选择倾向,随后,其研究内容逐渐向以符号象征学、景观内涵理论为基础的景观价值及意义等方面倾斜。

旅游研究的主观对象主要是普通个体(如游客和居民),更应该注重普通受众的感知、评价和决策过程,其中一项重要研究内容便是探索游客对旅游景观的感知与审美评价(Cohen, 1984)。因此,认知范式可以很好地切合这一研究需要,且文化景观评价的认知范式相关研究中,公众的审美起到了至关重要的作用。

2.3.2 景观审美

Aesthetic(审美)一词源自古希腊语的 aisthanesthai,是指知觉、唯美和被感知的意思。因此,知觉是我们理解周围环境的核心方式,也是我们从周围环境获得美丽和愉悦感觉的中心内容。美学是以人性为基础的,自远古以来,我们通过装饰环境或制造美好的事物而获得愉悦感觉(Bell, 2012)。心理学家 Baumgarten(1714—1763)将审美知觉视为一种通过知觉手段获得的认知感或信息,同样的,认知方法在景观审美中的有用性已被相关学者证实(Kaplan & Kaplan, 2010)。景观知觉的过程相关研究认为现代景观审美研究应该关注其视觉美的可持续性和遗传性,并指出 19 世纪以来景观美学研究在审美效果、自然性、地方认同上有所欠缺。知觉总是与感觉、情感密切相关，所以景观审美的知觉方法并不能完全从逻辑思维的视角去阐释，也不能一味地用"对或错"表述，其往往被理解为个体思维的体现，如"有趣或乏味"、"喜欢或厌恶"等(Nohl，2001)。

欣赏景观是基于景观美学价值的主观行为，且景观自身的特性与所在地的场所属性息息相关，因此，景观的美学价值评价和认知也会随着场所的类型及欣赏对象的不同而产生差异。不同美学价值的景观通过人的知觉提供一种特有的体验过程，在此过程中，批判性的判断和欣赏同时存在，我们称之为景观审美(见图 2-5)。景观审美属于环境体验的范畴，环境体验具有两个极端作用：一是充当与自然景观精神上交流的媒介，二是成为我们趋向特定景观的障碍(阿诺德·伯林特，2006)。景观审美是介于两者之间的一种体验程度的心理表述，往往被认为是一种脱离了世俗生活的超然的或是精英群体特有的属性，作为一种纯粹世界的虚无而与人类的行为相隔离。事实上，审美应该是大众的和基础的，即使最为原始的荒野也有美的足迹可寻。

图 2-5　景观审美知觉及认知水平示意图(资料来源：Nohl，2001)

景观审美的研究中，景观与环境是不可或缺的，它们是同一事物的两种不同表述方式。景观是环境学的重要研究内容，审美是美学研究范畴。环境美学认为景观审美主要是指对景观的纹理、颜色、听觉甚至嗅觉等物理属性的感知形成的特有的审美和评价。Max Loehr(1964)认为艺术品及其相关产品的本质就是审美，审美本质主义认为一切艺术品都有审美属性。本书的研究对象书法景观,是书法艺术的再现,从某种程度上讲可以将其视为艺术品,且具有审美属性。

已有的审美知觉研究中,鲜有从景观所在环境认知角度研究审美特征的,少见分析景观在区域认同中的作用。景观的空间布局能够深刻地反映已有景观的特殊性、唯一性和个人自豪感,因为景观元素可以在感知和精神上被当作一种特殊的存在,只要它被体验且被视为熟知景观的一部分就不会被认为是特殊的存在,如当今社会高速公路的桥梁或风力发电厂等,至少,目前还不是。地方感或地方审美是以历史为前提的,换句话说,如果景观元素只出现在特定区域,我们就认定其为特殊的。然而,新的技术因素往往被标准化,且由预制构件组成并全国普及,导致它们并未按照古老工艺被建造,如区域的和地方性驱动的性格特征与独特性。有学者在探索中国园林中的“题咏”的审美心理过程及机制时指出个体的审美过程可以从“情感”和“认知”两个方面理解。其中,“认知”过程是选择、接收、处理、分析外界刺激信息的心理认知过程,重在对景观周围环境的“信息”的加工处理,涉及审美的注意、记忆、功能评价等心理内容;而情感是伴随认知过程产生的,不仅是认知的效应,也是认知继续发展的动力因素,支撑、调节着园林审美认知过程。两部分中“核心层次是认知,它与情绪的发生有内在联系”(周冠生,2005),也有学者从审美对象的类型入手,研究景观审美的双重性,即对景观本位的情感表达和对景观场所烘托功能的评价。作为具有传统性的特色文化景观代表,书法景观的符号功能同样体现在给个体带来审美体验、审美引导等感知,具体涉及书法景观对增强场所趣味性、文化氛围的感知。

景观审美评价能够通过视觉感官的感知映射在个体认知区域做出的喜好判断的复杂感知(见图 2-6)。景观审美评价是复杂的多学科交互的学术领域,其研究多结合环境美学、心理学、地理学的相关理论,研究内容复杂多样,如有的学者研究农业景观的审美偏好与行为意愿的关系(Gao, Barbieri & Valdivia,2014)时指出景观审美评价能在一定程度上促使个体产生相应的行为反应,有的学者将地方概念与景观审美评价结合起来研究居民地方之间的情感联结(Kaltenborn & Bjerke,2002)。

综上所述,景观审美评价的首要条件便是视觉“输入”,只有通过视觉“输人"，人们才能够运用和调动感官对景观提供给人类的一切信息进行识别。从这个意义上讲，景观审美评价与景观美学也有着密切的关系。景观美学理论被众多的地理学和规划学者所采纳，借以证实个体的偏好是如何影响景观在地方形成过程中的标志性作用的，因此，景观审美评价与审美是无法割裂的学术问题。

图 2-6　人类感知的心理学图示（资料来源：帕特里克、刘滨谊、唐真，2013）

2.3.3　景观审美与环境

　　1972 年，环境美学的开创者弗朗西斯·斯帕修特（Francis Sparshott）在期刊 *Journal of Aesthetic Education* 上发表文章对人与环境的概念关系做了区分，他指出："个体对环境的理解以及处于环境之中的物体的审美体验的方式受到不同的概念化方式的影响。"就此可以理解为，个体概念化环境的方式对景观审美过程起到至关重要的作用。个体概念化环境可以用日常环境和旅游环境两种方式考虑，即弗朗西斯·斯帕修特所说的环境作为一种日常生活的背景和旅游背景。因此，可以从"环境被理解为背景"和"暂居者"（游客）两个层面去理解景观的审美。

　　（1）环境被理解为背景的景观审美

　　环境美学学者认为日常生活中的环境可以被理解为一种背景，而此观点只有在将环境与其内部的景观相联系的时候方可成立。关于"环境被理解为背景",还可以通过多种方式,将这一概念化的环境再予以细分,而备受人本主义地理学青睐的"场所"(place)概念便在其列。当然,除了场所概念之外,还有领地(territory)和地形(terrain)等其他一些细分后的概念。前者是一种与场所存在有趣关联的概念,后者与"场所""领地"两个概念比起来是一种更为基本但很少被提及的概念化的环境。基于此观点,我们可以认为日常生活景观与"地形"这一概念化的环境联系得最为直接,也更为明显和紧密。因此,"地形"概念可以作为"环境被理解为背景"的情景下首先要理解的环境概念,也是日常景观审美的基础性概念。

"terrain"(地形)词义起源于拉丁语 tera,其含义可以理解为土地,而它的法语词源则更多的是强调土地或地面诸如此类的一些概念。顾名思义,从这一层面理解,该概念的内涵就是指实际存在的"地面",例如物理表面和相应的区域特征,这些也是景观存在的物质基础。从学科角度讲,地形这一概念与地形学所强调的内容比较类似。同样的,地理学、生态学、植物学和动物学等学科也为理解"地形"提供了理论土壤。个体在形成对景观的审美感觉时,可以通过既有的相关自然学科的知识和经历来理解景观是为何以及如何在环境背景下形成的,正如平原与丘陵的景观差异、不同的地形特征造就的"南船北马"人文现象及南北农村聚落分布的差异。事实上,依据地形这一概念化的环境,日常生活景观的审美欣赏和审美评估理应按照地理学、生态学层面理解,以便个体能够更好地体会景观隐喻的内涵和特征。这就要求日常生活景观的设计、实际形状、尺度和比例需要按照具有地理学意义的地形的特征来制定,与此同时,还要考虑地理学与生态学意义,使用符合周围环境的景观建造材料和施工方法。例如,地理学和建筑学所强调的建筑景观应该与所在区域的整体风貌相得益彰,避免突兀。传统建筑学中,这种将"地形"概念应用到建筑营造过程的理念被称为环境友好型建筑设计理念,也是相关理念中最常用和最为普遍的。基于此,在当代流行的建筑景观概念框架内,当代许多建筑设计大师的作品都能成为"环境的友好伙伴"。这些环境友好型建筑景观又渗透着建筑师的个人风格与流派特征,如美国建筑学大师弗兰克·劳埃德·赖特的设计往往带有明显的"田园风格"(prairie style)。单单从"地形"这一概念化的环境角度考虑,他的"流水别墅"等作品在景观美学层面上都能视为环境友好型。正如赖特自己所描述的那样:"建筑应当看上去如同从场地中生长出来,并且被塑造成与周围的环境仿佛和谐共生一般。草原有其自身的美,我们应当认同(草原所具有的)恬静(韵味)并加以强化。因此,舒缓的坡屋顶、低矮的体量与恬静的天际线完美地融合在一起。"同样的,一些特殊环境中的建筑景观由于其与环境的高度融合,让审美对象浑然一体。例如,位于加利福尼亚州的海洋农场建筑景观,其外形线条以平坦轮廓为主,搭配草皮屋顶,让身处其中的参观者感觉非常自然和谐,正是设计者从环境美学的宏观视角寻求人工的建筑景观与自然环境融合的尝试。

将环境理解为背景的细化概念之二为"领地"。领地在词源上与地形的概念相同,均出自拉丁语 tera,而且在法语上有着几乎相同的词义,但在中世纪的英语表述中,领地概念所描述的土地主要是指环绕特定的景观或地理区域而存在于其四周的一定范围的土地,如城镇四周的土地,其属于某个城镇或其他一些权力管辖范围之内,因此暗含权力之意。然而,这种观点却与一些之前的研究有所不同。萨斯基娅·萨森在其著作《领土、权力、权利:从中世纪到全球集合》中写道,通过对"领土""权力""权利"这三个关键术语之间的相互关系的探讨来描述其所谓的"中世纪""现代""全球"的情景组合(阿诺德·伯林特,2006)。萨森认为,不同时代特征下三个术语同时存在并以差异的组合方式相互作用,有助于人们理解在一定时间段内政治权力表现出来的空间格局特征。在此观点下,领土被假定为一个静态的、非历史的概念,不同于"地形"强调地形学特征,其与地理学和社会学紧密关联。由此不难看出,领地作为概念化的环境时涉及"人"或其他"具有领地意识"的动物的影响,学术界称之为涉入(involvement),这也是其区别于"地形"的最为明显和最为关键的元素。

已有学者均对领地的内涵理解说明,不单单从生物驱动力理解,更应该从人类社会特征理解。起初,Wagner(1960)、Ardrey(1967)和 Malmberg(1980)从不同视角概述了如何通过基本的生物性驱动力和作为一种生物之间彼此联系的形式来理解领土。他们的研究对象涉及广阔的历史范围内的领地概念,又不断地将领土和地域性相结合,认为领土应该被视为一种持续存在的人类活动强烈的元素,并且在不同的时代背景下发挥着塑造差异化景观的作用。基于此,在20世纪60年代末和70年代初,一些地理学家利用上述行为主义假设来研究人类和动物领地之间的联系。例如,爱德华·索雅(Edward Soja)(1971)就曾提及地域性与领地的关系,他认为地域性是被其居住着或是权力拥有者划定的一种与众不同的、深思熟虑的行为现象,其本质就是将空间组织成有势力范围或明确划分的领地。根据此观点,我们从表面上可以简单推论出关于个体在地理空间中的一些行为特征,而更多的关于"领地"的内涵,却还是不甚明了。这在一定程度上说明了人类社会组织的变化比普通生物驱动力的变化更快这一事实,因此不能将领地视为一般意义上的生物驱动力。事实上,爱德华·索雅(1971)已然认识到了这些特殊的议题,并且在随后的章节中提及应该提供更为有效的理论框架来研究领地。诚如爱德华·索雅(1971)所说,随后二十年的研究证实之前的大部分研究处于"守势",因为当时流行的领地观点充满了生物行为学的必要性,掩盖了任何社会政治以及文化层面的解释。

随着新人文主义地理学、人本主义地理学的兴起,领地方面的学术研究越来越重视社会政治及文化隐喻。此时,领地的表达过程可以通过领地内的诸多元素进行表达和建构,如景观。斯维克等学者认为,无论是山脉或河流、自然保护区、人造纪念碑,还是人工制品(道路、桥梁、灯塔等),景观特征都可以通过一系列文本类型、艺术形式、媒体、科学描述而再现其社会和文化上的意义,尤其是田野考察、历史论证和博物馆展示等方式与方法的应用,这些过程的结果是可感知的、"内在的",这源于景观的本质,即景观是一种图像和文本表达(Sverker Sörlin,1998;1999)。同时,他们认为领土的界定本身就是民族主义与区域主义产生和发展历史的重要组成部分。国家和区域景观作为符号或心理范畴存在,它们是这里包含在"领地表达"概念下的过程的结果。领地的划分也通过旅游业等社会实践来进行,而实践的结果是深植于国家、地区的形象和自我理解之中的象征与精神景观(Sverker Sörlin,1999)。

领地的概念对于从环境美学视角诠释景观审美同样有很大的理论意义。在此框架之内,景观审美就意味着回答诸如什么类型的建筑物在所处环境中能够被欣赏者所接受、怎么样看上去是适当的、怎么才能使其存在就如同它们本该如此等问题。答案在弗朗西斯·斯帕修特的另外一则评论中可以看出端倪:"一处环境通常是某人的环境。"这意味着领地概念中对人的影响的关注体现了景观审美的最初含义:为了很好地生存而选择具有某种特征的景观作为生活环境。在知识体系出现之前,这种选择行为受到个体经验的影响。随后,对景观的选择、偏好乃至评价等既需要对自然科学知识的掌握和积累,还需要地理学和其他社会科学知识,例如人类学与社会学等的熟悉。此外,一旦环境被概念化为领地时,个体便会不自觉地考虑环境的符号属性层面,如这是谁的领地、它属于哪个民族。这些符号属性最直接的也是最显著的物质体现就是不同类型的景观,从而将环境的功能属性、象征意义等与人工景观联系在一起。当那些看上去融入环境的人工景观或建筑具有居住功能时,对于居住者而言,他们所感知的便是此类景观的典型特性——家园感,而对于某类人群而言,这是属于他们的领地。例如,某些具有鲜明民族特色的聚落景观不仅仅是该民族生活的地方,也是他们开展生产活动的地方。景观与所处环境被人们赋予一定的功能,此过程也是人们对景观的理解和欣赏,凭借这种理解与欣赏,前者(景观)在后者(所处环境)中才会表现得"恰到好处"。从该层面理解,景观审美不但是对景观美丑、形状等物质元素的感知与评价,而且有对其功能的认知。

　　场所是概念化环境细分的第三个概念。它的拉丁文词源为 planta,其词义可以理解为"踏上自己脚印的地方",即某个人的场所是他踏上他脚印的地方(阿诺德·伯林特,2006)。简单地从范围来看,场所往往比领地要小,此处的"小"就如同英语词汇中的"小生境""座位""位置"等所蕴含的意义。在人本主义地理学者看来,场所首先是一种环境,通过人的体验、关联、情感和思想被赋予一定的意义,其组成包括物理环境及其诱发的系列行为、社会或心理过程。场所往往被赋予精神内涵,也就是场所品质,其可以通过"人-景观"符号互动来展现,最终被个体所认知。此外,场所是空间特征和个体赋予空间的要素(如期望、情绪和审美)共同作用的产物(刘慧,2008),也被认为是空间激起的个体反应模式。概括来讲,场所根植于空间生态和形态之上,是被提取或注入某种人文思想和情感内涵的空间产物,具有一定的功能指向性和象征性(诺伯舒兹,2010;Martin,2002)。景观与个体经验(感觉、知觉和观念)

交互作用产生符号效应,而符号效应是场所精神感知的基础(唐文跃,2014; Tuan,1978a)。

场所与领地之间存在一定的相互联系。相比之下,前者属于微观层面的概念范畴,而后者相对来讲更为宏观。从地理学意义上讲,假如一片土地能够称为某个人或某些人的领地,那么同样,相对更小的一片土地也能够成为某个人或某些人的场所,视为广义的场所,而建筑学又往往视更小的建筑空间为场所,是为狭义的场所。一个民族的特色建筑景观在其特有的属于他们的领地中看上去比较协调,同样的,个体或特定群体所拥有的日常生活景观(以及其他附属物件)在其场所之中,也或多或少地能够称之为恰当,并且能够反映他们的景观审美标准。通常意义上讲,场所的概念往往具有一定的美学意义,但其在景观审美的应用上并未被已有研究所考虑。当场所与领地所表示的词义几乎相当时,区别两者之间关系的重要因素便在于它们所解释的土地范围之大小或是否过于私有。正如斯帕修特所提及的"一处环境经常是某人的环境"的观点,场所具有更强的私有性。据此推理,在研究无论是哪种性质的环境时有必要将公共的环境与私密的环境进行区分研究。例如,有学者就论述到在审美或体验语境中所理解的环境在绝大多数情况下属于"公共的"(环境),他们认为审美或体验活动指向不应该具有他人私有属性(Sparshott,1972)。

场所与景观审美的关系在于场所精神的塑造过程离不开景观的视觉特征的个体识别,而后者是景观审美的重要内容。景观视觉刺激产生的信息经过人脑的复杂感知加工,最终形成审美素养,而审美素养反过来又影响到个体对景观外部视觉特征的感知,两者均能对既有经验产生一定的反馈作用,并通过强化或减弱惯性思维知识来修正个体的经验、决策以及行为(帕特里克·米勒、刘滨谊、唐真,2013)。场所美具有独特文化性和集体记忆的空间/景观美感,一般有可识别之美(景观外部视觉特征)和内心之美(情感反应和共鸣)两种表达形式(赵广宇、程志军,2013)。内心之美主要指人与景观交互过程中通过感知、理解、共鸣而得到的情感体验形式,可以从特指与泛指两个方面理解。其中,特指方面是指特定空间对特定人群的某种情感意义;泛指方面主要涉及人情化的情感心理状态(席岳婷,2013)。有学者则指出场所精神是由场所景观的视觉形态所折射的深层次认知、由此引发的归属感及被建构起来的美学意象(张位中,2014;Mace,Bell & Loomis,1999)。

(2)暂居者的景观审美

按照斯帕修特的观点,暂居的旅游者眼中的环境是我们所理解的环境审美体验的两种基本方式之一。他指出景观是一种被概念化的环境,是人们审美的对象,也是审美活动产生的核心(Sparshott,1972)。就日常生活环境和旅游环境而言,景观审美也会因景观存在的环境差异而被感知到不同的特征和内涵。正如旅游活动产生的原因之一就是惯常环境和非惯常环境之间的差异。从该层面上讲,景观也可以作为一种个体与环境之间联系方式的概念化的外在表现形式。景观与地形、领地及场所之间具有的较大差异性可以从其概念起源窥视。景观概念的起源存在诸多的争议,虽然通常意义上认为"景观"一词起源于荷兰语。然而,也有研究传统地认为该词的起源是一个融合再造的过程,主要是结合了古英格兰语与古爱尔兰语中相关词语表达而派生出来的。其中,古英格兰语中景观被描述为一种分隔为不同单元的开敞空间。由此不难看出,景观最初的概念便具有了相对于地形、领地和场所而言更多的个体认知,毕竟不管是人为的分隔还是自然的分隔,都是要通过个体进行辨识的。从该观点出发,我们可以推论出:无论是最初含义还是当代解释,都强调了人的作用,遵循着景观是由土地延伸而出的逻辑,也都显示了必须通过个体认知对土地进行分隔,形成单个的视图与景观,特别是一处街景或前景。换言之,景观是凭借个体的眼睛和意识建构起来的,这是其概念的核心。这种观点早在一百年前就被美国著名自然主义流派哲学家乔治·桑塔耶拿所认同和提出。他在《美感》一书中将景观描述为"杂乱的"和"无定形的"的事物,并解释说"在景观中包含着充足的多样性,使得我们的眼睛能够最大自由地去选择、判断、审视以及组织其元素"(Santayana,1961)。接着,乔治·桑塔耶拿还总结了被欣赏的景观为何是美的之原因。他指出其必须"进行组织"才能成为欣赏的对象,如此,景观才能进入个体尤其是暂居者的视野之中。从斯帕修特对景观概念的应用以及桑塔耶拿的大致论断中我们不难看出,某种意义上,景观是被个体(主要通过视觉和意识)构建的特定的视图文本。换言之,景观在物质层面实际是土地概念的一种延伸,但更多的是拥有图画的视觉属性,甚至与风景画或照片的属性更为接近。除此之外,景观与地形、领地及场所概念的不同之处还在于其能够反映个体的审美观。从审美方式上看,个体在欣赏景观时主要依靠两种不同的方式,分别是将环境概念化为一种景观和将环境组织为一种景观(阿诺德·伯林特,2006)。

环境被概念化为一种景观时,个体的审美对象仅限于对景观的视觉属性,如景观自身的美丑、结构等,并未体现其与所处环境之间的联系,这与地形、领地、场所概念中所反映的环境和建筑景观的关系不同。此外,景观的概念相对来讲更为宽泛,其关注的不仅仅是景观自身固有的特征,而且更多地关注景观的排他性和系统性,如整体构图和形式属性,就如同传统风景画作中所反映的布局特征。在此观点下,当环境被概念化为景观时,能够产生两种不同的结果。首先,在审美欣赏的过程中,如果环境被概念化为景观,那么会影响到个体对友好型建筑景观的判断,并且相对于"环境被概念化成地形、领地或场所时"为个体提供的审美信息要少,这与景观宽泛的概念不无关系。其次,在"环境被概念化成景观"这一框架下,个体需要考虑的首先是如何将环境构建为一处景观/风景,而后才会涉及欣赏。此时,个体所具备的审美教育或素养、既有知识的地位等社会文化背景显得特别重要,并且能够在特定的建构情境下欣赏景观,这与在环境被概念化成地形、领地或场所等非建构情景下所讲的景观审美完全不同。这两种结果又恰恰都是由于欣赏者为"暂居者"的游客而形成的。首先,正如斯帕修特所认为的,环境既具有"整体形式与品质"的外在因素,又具有"内部和过去的纯粹的立面"的内在因素,而游客关注的往往是环境外在因素,这是因为作为"暂居者"的游客主要将环境作为风景来关注。由此看来,对于暂居的游客来讲,除了他们自身已有的审美教育、素质外,还应该在游览过程中对他们增加更多的审美引导和教育,这也正是张捷(2011a)在研究书法景观公众知觉与美育关系时所提及的"美育的一个基本特征是公共化、日常生活化"。

第二种方式就是将环境组织为景观。该观点最初是由桑塔耶拿在其著作《美感》中提及的术语,不同于"环境被概念化成地形、领地或场所时"的审美(Santayana,1961),当环境被概念化为景观时需要彰显环境及处于其中的景观的审美维度,并且在实际中这种审美得到了更大程度的强化。旅行活动的景观审美需要更多的"组织",这是出于一种非惯常环境的景观关注的需求。此时,景观的设计或组织都需要欣赏者和设计者掌握较多的审美资源、知识,就如同"将环境概念化成地形、领地或场所时,或仅仅将这处环境视作一处环境时我们掌握的资源一样"。而审美知识和审美资源的掌握离不开当代审美教育,自 20 世纪 90 年代以来,审美教育面临着诸多问题,如文化景观上反映出来的既有价值的"零碎化"和盲目乐观的精神价值"统一性"。正是由于这样的社会背景,景观,尤其是审美景观在一定程度上已经沦为多元文化追求和感性实践的殉葬品,人们在感性的无限张扬中追寻着欲望满足的绝对性,使得先验性的传统审美传统仅存在表象意义上的一种形式(王德胜,1996)。旅游活动为欣赏景观的"暂居者"(游客)"补习"日常生活中的审美教育缺失的可能。首先,景观的组织者或设计者通过专业的审美知识(例如,运用标准的艺术手法,如取景、构图及裁剪)将特定的景观或建筑置于一定的环境内,使之看上去呈现出高度的和谐感,即所谓的"看上去本应该如此",将自己的审美知识和素养通过景观传递给欣赏者。其次,欣赏者(游客)又可能再次组织景观。他们选择某个视角、某个尺度乃至某个透视,并结合自己最喜欢的审美方式对视觉所及之景观进行重新意义上的构建,赋予它们新的审美内涵。当个体欣赏"如图画般"的景观时,首先所考虑的是景观的形式属性如何与其所在的环境的结构和布局相契合,从而能够彰显和强化景观与所处环境两者的美学维度。设想,在一个固有的范围之内,景观设计者为人们呈现的仅有孤零零的景观时,其美学维度因没有环境而无法表达,这也是环境美学所强调的研究景观及其审美必须考虑其所处的环境。例如,把农牧民族特色建筑放到开阔草原上、将一座废弃的道观置于悬崖峭壁上、将特色渔民住所置于视野开阔的海湾边的阳光沙滩上。

　　除此之外,将环境组织为景观时,个体景观审美的构建还存在一定的尺度效应(姚亦锋,2015)。首先,宏观大尺度的景观构建是一种特定环境内人地关系互动而形成的系统的文化模式,该模式以其历史发展为文化基因,呈现出一种稳定性和整体性,是景观以相应的环境为本地的延续和传承。例如,现代社会中城市的传统景观日益消减所呈现的"符号贫困"现象,而过度的城市化对传统景观的破坏,其实质是一种对景观文化基因的破坏行为,是对景观审美本地的践踏行为。其次,中观尺度上的景观审美本地强调的是各类景观的协调性,这就如同将环境概念化为地形、领地或场所时所关注的环境友好型景观,协调性是景观所在环境可持续发展的重要基础。例如,较大面积的自然景观与相应的聚落景观的相互协调。此外,将社会经济发展的要求与自然生态建设、景观优化相适应,并将"生态文明和社会发展要求安排在景观空间格局配置中"(姚亦锋,2015),才能使景观审美的概念渗透于更广阔的"暂居者"视觉领域,才能让环境被组织时形成保持整体性的景观网络。再次,在微观小尺度层面,景观组织/设计过程中关注的是内部环境和外部环境的融合。例如,乡村旅游目的地中充斥着大量的仿西方建筑或城市景观,与传统的中国民居中的设计思想相悖,丧失了"以优雅平缓美学规则构图布局,造就素雅含蓄的村落景观"(姚亦锋,2015)的景观审美的传统。

上述论述中暂居者的景观审美还是受到日常生活中所积累的审美知识、素养的影响,然而,按照环境美学所指出的环境与景观的关系,景观不单是被组织的环境,而且往往受到周围环境的刺激而产生不同的审美关注(Lee,2014;张晓霞,2002)。在"暂居者"(游客)眼中,景观的审美更多地被赋予个性或单一的视觉刺激。弗朗西斯·斯帕修特指出,在"旅行者之于风景"这一观点下理解景观审美的时候,能够发现暂居者所关注的审美价值集中在景观外在的立面、形制和结构等审美因素,却往往忽视了其他的内在的所有意义。这种观点一方面恰恰印证了在改革开放以来以经济建设为中心的时代背景下审美教育的缺失或偏离传统体系的无奈,另一方面说明不同层面上的审美具有一定的显著差异,即便美学层面上环境被组织后成为环境友好型景观,也正如它在环境中本应该如此的样子,然而在其他层面上未必如此。例如,从资源层面看,农业生产中的升降机是一种浪费和不经济的能源,从农业环境中看却是与农业景观比较协调的。美国加利福尼亚州的海洋建筑景观"试图在人工景观与自然环境之间寻求一种融合"(阿诺德·伯林特,2006),表面上这种尝试是可行的,但是从严格意义上的自然环境来讲终究只是一种理想,并非现实。再如,绿草如茵的广阔草原上建造的特色牧民建筑,尽管比较适宜,对于草原生态系统来讲却是一场生态灾难。

总而言之,无论是按照环境被概念化成景观还是被组织为景观,景观审美实际上更多地与景观设计和建筑实践相结合,后者常常在努力使用不同的材质或先进的建造技术等方式来维持自然环境与人类环境长期和谐的同时最大可能地迎合广大暂居者的审美,以此彰显景观与本底环境都具有审美意义。然而,不容乐观的是,环境美学领域包含甚广,涵盖了地理学、生态学、伦理学、美学乃至管理学的诸多思想,因此无论是暂居者还是设计者在进行景观审美的时候不可能考虑得那么全面,这就导致了欣赏和评估处于环境之中的景观的过程不可避免地带有极大的片面性。当然,如同阿诺德·伯林特所说,"无论这些环境建筑的审美维度的含义如何,它们都应该同伦理维度一起来考虑。……后者甚至应该优先于前者。"(阿诺德·伯林特,2006)同样的,弗朗西斯·斯帕修特则唯心主义地认为审美过程最重要的是个体主观的判断,"不仅要防范世俗的贪婪与冷漠,而且要防范美学家们……自以为是的审美趣味"(Sparshott,1972)。

2.3.4 研究述评

当我们身处特定环境中时,我们所谓的"景观"其实是我们调动自身的视觉、触觉甚至味觉而形成的一种复杂的心理反应,当这种反应被我们感知为一种"风景"时,视觉刺激以及相应的审美评价便显得尤为重要。可以说,景观的视觉刺激产生一定的信息输入,这种信息经过人脑的复杂感知加工,最终形成一种审美评价,而审美评价反过来又影响到个体的视觉审美感知,最终感知和审美的结果均能对已有的学习经验产生一定的反馈作用,强化或是减弱已有惯性思维知识,来修正个体的经验、决策以及行为。

旅游景观复杂多样,游客对于特定区域的景观审美评价取决于主观上的感知和评价,而景观的质量、美学特征等都与该过程息息相关。已有研究中,景观质量、景观特征(翟丽丽,2014)或审美视角是景观审美评价分析中的主要内容,同样有专门研究人口统计学特征对景观审美评价的影响,并强调指出景观审美评价研究应该注重景观的物理层面、社会层面和人口统计学层面的综合解释(Lyons E,1983)。旅游景观审美评价定量研究内容还会涉及游客对不同类型景观的偏好,即对旅游地自然景观或文化景观的喜好偏爱,如景观质量评价(吴必虎、李咪咪,2001)、游客审美特征(张捷等,2012;周玮等,

2015)等。其中,有从注意力复原理论和景观开放性、复杂性及亲水性等特征研究不同类型自然景观的个体审美评价(Han K T,2010),也有从心理学视角解释感知(周玮等,2012)、知觉(张捷,2011a;张捷等,2012)、评价过程(张朝枝、邓曾,2010)、影响审美的主客观因素以及审美本身特性(好恶、美丑、兴趣等)(Yu,1995)。对于特定类型景观的审美评价,其本身是一种主观的评价过程,除受到主观因素影响外,还与客源地日常生活景观同该景观的感知差异有关。同时,审美也是一种情感和评价的表达,而一些学者认为游客情感是存在距离递减规律的(李敏等,2011)。然而,已有书法景观乃至文化景观在审美相关研究上较少涉及空间分异,且其主观审美评价是否存在距离衰减规律并无学者涉猎。

2.4 认同背景下的文化旅游研究

2.4.1 文化认同概念辨析

从词源上理解,文化认同显然是认同的子集,而认同最初则是心理学研究的范畴。有社会心理学家就曾指出,认同问题产生的主要原因来自个体需求与他人、群体之间需要建立一种令人满意的社会关系。换言之,认同是个体产生群体归属感、满意情感的必要条件。正如已故著名政治学家 Thomson 所说,认同问题并不是一本某个国家护照、一种政治意义上的归属便能说清道明的事情。政治学家对国家、民族认同问题的重视一定程度上刺激了其他领域学者对认同问题的关注(Brown,2000)。有社会学家从文化视角阐述认同之含义,将文化认同定义为对某种文化的特征和结构达成一种倾向性的共识、认可(郑晓云,2008)。人类文化产生、传播过程中,受到地理环境或社会环境的影响产生变异或融合效应,最终导致不同文化的出现,从而决定了文化认同的差异性。因此,文化认同是伴随人类文化发展的动态概念。不同学科对文化认同有着不同的理解(吴其付,2009)。例如,有社会学者就将文化认同视为个体对自我社会组织角色、社会群体属性的一种感知上的文化归属

(韩震,2005),而旅游相关领域对此的理解则从旅游目的地与客源地之间的文化差异、主客之间不同文化属性出发,将文化认同视为个体对"差异"的理解和态度。同时,主客对象的差异决定了文化认同的不同类型和形式,主要包括:游客对自我社会文化身份的认同/对目的地居民文化身份的认同、目的地居民对客源地文化/本地区(民族)的认同等主要内容(马向阳、杨颂、汪波,2015)。

文化认同是文化融合和文化冲突形成对立系统的重要基点,不同文明形态、国家和民族之间的文化认同促进了文化融合,相反地,文明形态、国家和民族之间一旦形成文化认同上的对立便容易产生文化冲突。冷战之后的世界文化发展进程中,不同的政治、经济和技术背景造成全球文化整合或文化分化,带来了文化认同的变化。美国人类学家乔纳森·弗里德曼认为,世界"中心体系"的衰落和地方民族文化认同的增长呈现负相关(乔纳森·弗里德曼,2003)。事实上,纵观世界格局的变化,该结论似乎并不能站稳脚跟,以中国为例,改革开放以来,西方文化的强势入侵虽然在一定程度上影响到了传统文化的某个方面,但总体来讲,却更加促使人们对于中国传统文化加以肯定,促使越来越多的学者去探索如何维护传统文化的重要地位。近年来,中国青年人对于西方舶来文化的热衷空前高涨,圣诞节、情人节、万圣节、感恩节等,甚至比西方国家更加注重。与此同时,中秋节、端午节、清明节等传统节日被定为法定节日,是从国家层面对其的一种认同。开放的社会能够容纳多样文化的共存,外来文化在融入我们日常生活的同时,传统的、民族的文化越发受到重视,一定程度上讲,"越是民族的越是世界的",传统文化、地域文化独特性是文化传播的主要动力之一。

文化是人类不可分割的一部分。我们在不知不觉中受到文化的影响,这种影响往往贯穿我们生命的始末。感受文化的方式千差万别、内容包罗万象,包括父母、家庭、先辈、艺术、书籍和民间故事等。文化影响我们的认知模式和思考自我的方式,以及如何看待他人。在这个人际关系网络构建过程中,认同显得尤为重要。我们的个人认同的构建包括文化认同,它包含了诸多特定群体共有的社会特征。毋庸置疑,文化表明了人们的特征并将其与他者区别开来,用以区分"我者"与"他者"的重要文化因素包括社会行为、宗教信仰、服饰、饮食、娱乐以及艺术。同样,文化也重叠在不同水平上,如某所大学的不同民族背景的学生在从自己民族文化的视角看待校园文化与作为学生感知校园文化时是有交集的。文化认同突出了个人的独特性,应该包括性别、民族和职业,是一种多层面的社会和个人功能,能够带给个人信念和自尊,主要涉及态度、宗教和宗教仪式、饮食习惯、衣服等不同内容(Gupta & Bhugra,2009;方国清,2008)。文化认同在不同尺度上,对于不同的对象有着不同的研究内容。

2.4.2 相关议题

文化认同背景下的旅游研究主要是通过不同尺度的文化认同,研究旅游开发、发展过程中文化的各种积极的、消极的影响。不同学者根据自己的研究方向从不同视角对旅游活动中的文化认同现象进行了研究:中心与边缘文化以及次生文化视角;主流文化与非主流文化视角;地方感、地方依恋视角,等等。

(1) 不同尺度

旅游活动产生的主要动力便是文化和景观的地域差异,该差异同样造就了旅游者惯常文化环境(客源地文化环境)与非惯常文化环境(目的地文化环境)之间的文化流通、接触和传播。客源地与目的地之间的跨度本身就存在不同的尺度,如:跨国旅游带来的民族/国家尺度的文化认同问题;区域内部旅游活动过程中的文化认同问题;民族旅游带来的地方种群/族群的文化认同问题,等等。

① 民族/国家文化认同

地域文化在"文化趋同"的大背景下,受到政府、国家的高度重视,正在从一种"无意识"传承转向"有意识"的制造,特别是当旅游文化资源得以开发的时候,文化的营销、生产和消费之间互为关联,融为一体。全球化加速发展的进程中,文化"有意识"的制造无形之中对地方文化空间生产具有一定的推动力,同时,也强化了社会成员对地域文化的认同。

② 区域文化认同

同一区域,由于自然社会因素的差异而表现为文化差异,在这样的区域内实现旅游联动时,文化认同显得尤为重要。例如我国中部地区虽存在河洛文化、荆楚文化等多个亚文化圈,但是总体而言,其最典型的共性特点表现在同根同源、互融互通,形成了文化认同的根源,有利于增强区域的凝聚力;而以日本乡村旅游发展为例,一些学者研究发现旅游景观的文化符号效应促使东道主或日本游客对"我者"的传统文化有了新的社会建构,强化了日本乡村东道主的"自我"文化认同的同时也增强了游客对此类文化的认同(伍乐平、肖美娟、苏颖,2012)。

③(地方)种族/族群文化认同

文化认同既有来自主流社会的建构,也有地方族群的自我认知。旅游活动中,地方族群与游客之间的文化接触、交流、互动,加之游客极强的流动性,一定程度上影响了目的地族群对本民族文化认同的考量。例如,White 和 Scandale(2005)认为纳西族的精英阶层对本民族传统文化的重新解释和改造是在政府介入的情况下开展的,因此,丽江纳西族当地居民对"族性"的本土化表述与其说是现代社会环境的诉求,不如说是对游客审美偏好的"迎合";李娜(2008)在研究具有传统历史文化的伊斯兰麻扎村时,指出了不同族群的文化接触与交流以及不同文化价值认同的互动,阐述了旅游开发给本土经济社会带来的影响。

④ 个体在旅游中的文化认同

在旅游活动中,作为个体,无论是游客还是居民,文化认同是大相径庭的,Williams(2014)认为无论是表演者还是观众,旅游中舞蹈表演的真实性主要是通过外化动作(姿势、旋律表现的内容)、社会上专业人员给定的结论、一定程度上规范的乐章以及代际流传下来的乐谱等进行表现,这种判断会因个体不同的社会背景产生不同的认知。

(2)不同表现方式

旅游活动产生主要是文化差异作用的结果,而这种差异又会通过旅游活动对文化认同产生一定的加强作用,这种作用通过符号(象征符号)、文化景观、集体记忆等视角表现出来。

① 文化符号

符号是人类文化交流的最小的意义单元,往往被作为人类思想、情感、态度等的有形的或无形的事物的象征性表达(廖杨,2006)。文化旅游产品,尤其是独特的民族工艺、旅游资源等都可以作为一个国家或一个民族文化的象征,即一种文化符号。例如,长城、兵马俑、功夫及书法之于中国;斗牛之于西班牙;樱花、寿司之于日本,等等。一些民族工艺、种族文化在旅游中被作为一种文化符号资源而开发,也有好多因为旅游而得到重视,从而得以发展或重新演绎。例如,哈尼族长宴在开发旅游后的非特定时间、特定事件的文化适应与文化重构(唐雪琼、钱俊希、陈岚雪,2011)。文化的动态性决定了文化认同的动态性,文化认同是一个人与文化符号相互作用的关系和象征层面的动态过程。文化认同会随着空间结构、历史性联系和政策过程及其文化自身的塑造过程的变化而变化。一定地域内的文化,总是在和别的文化发生关系而慢慢产生的。因此,关系中的文化是在文化群体的互动中出现的认同意识。也可以理解为文化认同的过程是在相关群体文化的生产和消费过程中逐渐建立起来的一种强化了的文化共同意识。

② 文化景观

文化景观最早被定义为一种表征景观的人类活动的印记。从某种程度上讲,文化景观是其隐喻的文化的外在物质表现形式。以书法文化为例,作为一种休闲旅游资源,对其认同能够提高游客的体验质量,从而增加场所感和地方认同。而书法文化在神圣空间和世俗空间等不同类型中的表现力往往具有不同的感知效果。如城市商业场所的书法景观和寺庙宫殿中的书法景观给人的感觉是大相径庭的,这也是个体不同的环境感知所决定的书法的体例、制式、风格差异造成的。张捷等(2014)在对比研究中国和日本对于书法景观的文化认同时就从商贸旅游街区、更新型旅游街区、传统旅游街区三种类型进行分析,得出的书法景观指数中,传统旅游街区最大,其次是更新型旅游街区,最小的是商贸型旅游街区,一定程度上说明了书法景观具有一定的商业符号性。同时,文化认同与个体对该符号的消费需求是不同类型业态中书法景观空间分异的主要驱动力。有学者在研究书法景观认同度时指出个体的文化景观态度和认同很好地实践了地方感,对城市文化景观的规划管理和保护意义重大,并认为文化景观对城市经济建设有重要推动作用(肖潇等,2012)。

③ 文化群体

跨文化认同是当今文化认同相关研究领域比较关注的内容,而跨文化群体的比较则更具有现实意义,是文化认同研究的重要研究对象。例如,有学者认为城市文化景观的感知受到不同跨文化群体属性的影响而产生不同的文化认同,且该影响过程受到一定演化机制的作用(蔡晓梅、朱竑,2012);有些学者通过中国和日本两个不同国家的传统节日习俗案例,研究海外华侨传统文化习俗与民族文化认同的关系、日本本土传统节日的文化演变与民俗文化教育功能之间的关系(何彬,2008;廖雅梅,2014)。同时,有学者进行了民族文化之间的对比分析(李珊珊,2013;李珊珊、龚志祥,2013);有学者研究了旅游商业化过程中主客群体的差异性文化认同(李珊珊,2013;路幸福、陆林,2014;罗秋菊、林潼,2014)。

2.4.3　研究述评

文化认同是一种在长期的文化氛围和环境刺激下产生的对某种文化特征、结构等的心理上的赞同与遵循,如中国农历的新年。不同尺度、不同视角的相关研究虽然均有涉及,也有就区域或特定地理范围内的文化景观进行游客感知、地方认同的研究,那些景观所隐喻的文化却往往受到忽视,且对其的定量化心理评价并没有被提上研究日程,而文化又恰恰是该类景观最为重要的核心所在。

在旅游领域中,国外文化认同相关学者重点关注旅游过程对物质文化复兴的作用、与文化符号和族群之间的关系,且多对跨文化认同的主题具有浓厚的兴趣;而国内研究更加注重文化群体内部、群体之间的民族身份和文化等的认同,并且也有学者研究旅游活动在民族文化复兴中产生的积极影响(吴其付,2011;陈刚,2012)。旅游研究中已有的关于景观表征的文化的认同研究可以概括为多层次、多视角、多对象,而地理学传统研究的空间角度却鲜有涉猎,其中关于文化景观的空间研究多是在实证主义范式下从空间结构、空间特征以及空间格局等客观规律入手,缺少主观感知空间规律的研究。而文化认同又恰恰受到游客惯常环境的区域特征、文化属性等影响而表现出的差异性,因此,可以初步判定个体文化认同具有一定的空间规律可循。

2.5　旅游研究中的地方与地方感

2.5.1　地方与地方感概念辨析

自 20 世纪 70 年代始,地方便是区分人本主义和实证主义地理学的重要标志。地方首先是一种环境,其通过人的体验、关联、情感和思想被赋予一定意义的物质空间。因此,地方的组成包括物理环境及其诱发的系列行为、社会或心理过程(Stedman,et al.,2004)。现象学认为,地方是基于景观、活动及其意义的具有综合性和整体性的感知体验,而地理学的思维则将地方视为人地相互作用(社会/心理作用)产生的以物质环境为载体,被情感化和关联化的地域空间集合体,注重的是情感和心理在人地关系形成过程中的作用。

某种意义上讲,地方感是对地方概念的人本主义理解,被视为人地之间相互作用的感知集合体,是以地方为载体的个体体验。也有学者将其看作"一个场所激起的人的反应模式,这些反应是场所特征和个体赋予场所的要素(如期望、目的、情绪和审美)共同作用的产物"。地方感是地理学研究过程中人本主义思想的反映,是人地相互作用过程中情感层面的联结,也称敬地情结(geopiety)(Wright & Kirtland,1966)或恋地情结(topophilia)(Tuan,1974)。地方感最早由美国华裔地理学家段义孚引入地理学,应用到人与自然的关系研究中,并借此开创了人本主义地理学研究新领域。他认为在三维的物质环境中有一种联结环境和人的纽带,即地方感,其可以被认为是不受时间、空间限制的第四维。随后,Relph 断言人与地方的联系是一种不可避免的重要需求,并坦言我们深深扎根于地方就是"要寻找自己在事物秩序中的位置,对特定地方精神上和心理上的依恋"(Relph,1976;理查德·皮特,2007)。

地方感被众多学者接受和应用在环境心理学、人文地理学、社会学等领域,同样被认为是个体在特定物质环境产生的意义、依恋、知识、行为承诺、满意等情感和行为的集合体。物质环境受到个体、群体或文化作用才能称之为地方(Low & Altman,1992)。地方满意离不开地方依恋,也是地方感的组成部分,当物质环境或社会环境所提供的功能能够满足个体的生活、旅游或其他行为的标准、期望和需求时才会产生相应的地方依赖(Shamai,1991;Stedman,2002)。地方依赖个体特征和环境特征双重影响的结果,因此其能够影响到个体的态度行为(Shumaker & Taylor,1983)。因此,地方感可以从两大层面理解:物质环境客观性存在和参与个体主观性认知(汪芳、黄晓辉、俞曦,2009)。相关概念及主要内容见表 2-2。

表 2-2 地方及地方感的相关概念汇总整理(部分)

作者	时间	概念	具体含义
唐文跃等	2007	地方认同	对某个地方作为社会角色自我感知的一部分的认知
Wright & Kirtland	1966	敬地情结	人对自然界和地理空间产生的深切敬重之情
杨昀、保继刚	2012	地方依赖	地方功能性依附的表述,主要是指地方的环境、设施、景观、特定资源及位置的可进入性/可达性等能否满足个体需求
		地方认同	地方精神性依附,主要借助态度、信仰、喜恶、感知、评价、目的、价值取向、行为趋向等方式或手段来实现个人情感上的依恋及身份上的归属
朱竑、刘博	2011		具有一定包容性的概念,核心观点主要是指个体对特定地方的心理认同和情感依附
Tuan	1974	地方	体现了一种人与地方间存在的深切的情感联结,换言之,是由文化与社会特征建构起来的特殊的人地关系
Proshansky,Fabian & Kaminoff	1983	地方认同	是一种社会化的地方与个体或群体互动的过程,该过程主要涉及感知、情感与认知等复杂内涵,且能够通过自我身份的界定、以地方为媒介构建个体自己的社会角色和位置
Proshansky	1978	地方认同	是指通过界定自我身份与物理环境之间的关系来实现个体认同的过程,也可以认为是"自我"概念的一部分,通常涵盖了人们下意识的偏好、价值判断、情感倾向、信念及行为趋向等多层面、多视角的复杂因素
Dixon & Durrheim	2004	地方认同	内隐的心理结构
Stedman	2002	地方认同	地方认同是一个过程,通过人与地方交互作用将自己描述为属于这个地方的人

作者	时间	概念	具体含义
Hidalgo & Hernandez	2001	地方依恋	对特定地区的情感联系
Shumaker & Taylor	1983	地方依恋	人们与其居住地之间的情感联结
Hernandez, et al.	2007	地方依恋	具有个体主观倾向趋近特征的个体与地方之间的富含积极态度的情感纽带
李芬	2012	地方感	以地方为媒介,在特定时空下产生的情感联系,包含个人、时间、空间三大元素
Low & Altman	1992	地方依恋	个体与特殊环境的一种认知或情感上的联结
Hay	1998	地方感	居住在一定范围与认同的环境中长时间所产生的感受
Mazumdar, et al.	2000	地方感	联结人与特定场所的情感与生活型态
Jorgensen & Stedman	2006	地方感	是一种自我与地方联结关系的信念、感受与特殊行为模式
Derr	2002	地方感	人与地方的联结关系:对于某一生物文化环境所衍生的在地思维与经验
Pretty, Chipuer & Bramston	2003	地方感	所有人与地方长期形成的联结关系

2.5.2　相关议题

地方感的相关研究的研究对象错综复杂、研究内容变化多样,概括来讲,可以从两个方面进行梳理和理解:① 地方感的特征、结构等地方或地方感本身的研究;② 地方感的形成过程中的前向作用和后向影响因素等外围研究。

（1）地方与地方感本体研究

所谓地方感本体研究是指地方感的特征研究、地方感的维度测量以及设计内容等。地方感的特征被理解为地方感的构成或研究内容,Relph 构建了一个由自然环境、活动、意义和地方精神组成的地方感特征层次模型（Relph,1976）。随后,Steele 在自然环境的基础上增加了社会环境的内容,认为地方感特征可以概括为自然环境、社会环境、心理因子三个方面,并指出地方感是人与环境相互作用在心理上的反应结果;类似的,Zube 等人认为地方感是人与景观相互作用的结果,其构成应该包括人、景观、相互作用以及结果因子（Zube, Sell & Taylor, 1982）;考虑到管理在特定场所的作用,Grene（1980）

认为景观所在环境,除上述两种环境之外,还应该涉及管理环境,其与自然和社会环境同时与个体产生相互作用关系,进而产生相应的地方感。除此之外,Bott 借鉴游憩体验偏好及 Lynch 等研究的理论基础将地方感概括为自然环境因子、文化环境因子、情感因子和功能因子等四项内容(Larson,Freitas & Hicks,2013)。以此为借鉴,唐文跃认为旅游过程中的地方感的特征有其特殊性,游客接触到的各类旅游设施、服务等都会影响到地方感的形成,他指出地方感的特征主要包括自然环境感知、情感依恋、社会文化环境感知以及旅游功能感知等方面的内容(唐文跃等,2007)。

概括来讲,地方感的本位研究并没有统一严格的测量指标或标准,也不可能有一成不变的固定内容。地方感的特征框架虽然相对比较成熟,但是需要注意的是,由于研究对象特征的迥异以及地理属性、感知主体等都存在一定的差异,导致在特定框架下相关研究内容和测量指标会有相应的改动、增减。如 Williams 等认为地方感应该从情感和功能两个方面进行诠释,他们将地方感凝练为地方依赖、地方认同两大维度(Williams,2014),其中,地方依赖主要指地方功能性的依附属性,而地方认同则主要涉及一种情感性的依恋属性。汪芳等则从地方独特性、原真性以及地方原真性三个方面去理解游客对于不同事物的情感依赖评价以及地方感认知评价(汪芳、黄晓辉、俞曦,2009),而 Kaltenborn 在研究北极圈内资源开发和人类发展过程中地方价值与意义受到的影响后将地方感分为地方归属、地方认同、地方忠诚(或称承诺)(Kaltenborn,1998)。同样的,Hay 根据居民属性的差异将地方感分为浅表的、部分的、个人的、原型的和文化的五种类型(Hay,1998)。随后,也有学者以 Hay 关于人居状态地方感分类的研究为基础,从类型学的角度阐释地方感在不同的空间层面和主客联系上的强弱程度,最终将其概括为浅表型、熟悉型、体验型及根植型地方感,见图 2 - 7(吕宁,2010)。除此之外,有学者在对比旅游目的地居民与游客之间的地方感差异时指出,地方感体现在地方的认知、依恋以及行为意向三个核心方面(邱慧等,2012),具体来讲涉及 Gustafson 提出的地方意义、地方认同、地方依赖及对地方行为的态度(Gustafson,2001)。也有学者在研究遗产地申请对居民地方感特征的影响时指出地方感应该从地方认同(PI)、地方依赖(PD)、自然环境感知和社会文化感知等四个维度理解(郑群明等,2014)。当然,除了上述多维思考之外,还有学者在研究地方感的前因和后果影响时将地方感视为单一维度,并通过认同、依恋等测量语义项来构建前因后果关系模型(苏勤、钱树伟,2012)。

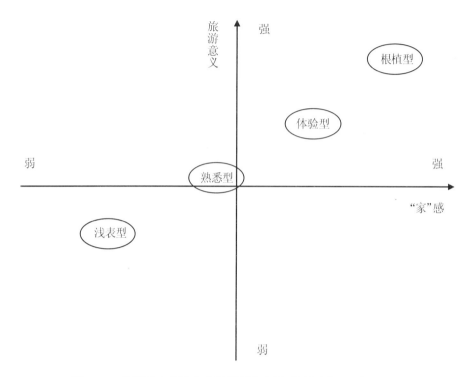

图 2 - 7 旅游研究中地方感的类型分布图(资料来源:吕宁,2010)

　　除设计问卷调查地方感的维度外,很大一部分国外相关研究运用定性方法剖析地方感的特征和构成。例如,Cantrill 调查了个体的地方认同和信仰方面的内容,并认为个体与环境相关的"自身"感知在其环境政策的宣传过程中起到了关键的作用(Cantrill,1998)。其访谈内容大致如下:住在这里像什么? 什么功能有助于他们形成地方感? 什么让他们觉得自己与地方之间有某种意义上的联系? 在将来的规划中,他们留在这里或是离开此地的原因是什么? 此外,Raymond 等指出地方感应该在不同的环境中有不同的理解,认为地方感的不确定性是由其动态的属性所决定的(Raymond,Brown & Weber,2010)。例如,只有在个人语境下其才被视为对地方的一种认同和依赖;交际语境下的地方感应该被视为一种社会属性的联结,涉及社会交往过程中地方感的作用,如基于共同的历史、关注话题的兴趣而产生一种归属于某个群体(例如朋友和家人)的感觉;自然环境影响下的地方感应该视为一种个体与自然的联结、依恋、关注及其对环境的认同(图 2 - 8)。该理论被蔡晓梅等用于定性解释微观环境下不同情境主题餐厅内员工三种不同尺度下的地方感特征,并进一步阐述了其形成的原因,其中,文化认同、身份认同、熟悉度及自然环境感知均对地方感的形成起到了很大的作用(蔡晓梅、朱竑、刘晨,2012)。

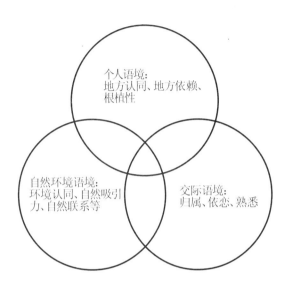

图 2 - 8　地方感"三极"示意图(资料来源:Raymond, et al., 2010)

(2) 地方与地方感外围研究

地方感外围研究主要是指影响地方感形成的各类因素以及地方感产生的后向效应。前者涉及自然环境、社会文化、经济差异、个体心理等众多方面的因素。已有相关研究认为地方感的形成受到旅游涉入、目的地吸引力、旅游功能感知、环境条件认知、潜在环境变化、个人背景、距离、熟悉度、旅游行为等不同程度的影响。Kaltenborn 研究了影响地方感的诸如荒野认知、环境条件认知以及对潜在环境影响的反应等因素,试图解释地方感在构建环境影响评价过程中的作用(Kaltenborn,1998)。另有学者指出,游客地方感的形成还与旅游目的地景区外部因素中的位置可进入性、可达性及信息获取难易程度、景区内部解说系统的辨识度、游客出行前的预期及游玩中的情感体验等具有密切关系(苏勤、钱树伟,2012)。也有学者就单独某一影响因素与地方依赖之关系展开研究,如 Dalvi & Martin(1976)通过易达性研究不同交通方式到达某地的便利性来研究人们对地方的感知;随后,Williams 等将易达性与地方依赖的形成联系起来,认为轻艇使用者之所以在选择练习场地的时候偏爱距离居住地较近的河流,是因为练习者对一定距离范围内的事物具有一定的地方依赖(Williams & Vaske,2003)。

地方感的核心内容是人和地方,是人与场所的情感联系,因此,地方感能够影响到几乎所有关于个体行为特征、情感反应以及场所变化的内容。有学者认为地方感在旅游社区发展中起到了重要的作用,其可以与性别、年龄等发生相互作用关系,促进个体的社区活动参与行为,进而强化个体与社区之间的情感联系(尹立杰等,2012)。也有学者在研究文化遗产时发现游客地方感对遗产保护态度和行为均有显著影响,包括对遗产或环境保护的支付意愿(孙上茜、李倩,2013)。同时,也有学者研究发现,游客环境保护行为同样受到地方依恋的显著作用(张玉玲等,2014),这种情感上的依附使得游客更加关注和支持景区的环境保护活动、尽最大努力去保护景区的资源(Kyle,Absher & Graefe,2003)。而地方感作为居民旅游影响感知的重要方面和"雨晴表",尹立杰等的研究证实了地方感较强的居民对乡村旅游发展赋予更高的期望且旅游影响感知的能力更强(尹立杰等,2012)。当然,不同的旅游发展阶段,地方感会产生不同的变化。正如有学者在研究周庄商业化的不同阶段对应的地方感变化时发现旅游发展与人口置换导致社会认同的下降,进而导致地方感的变化(姜辽、苏勤,2013)。旅游中地方感的形成机制如图2-9所示。

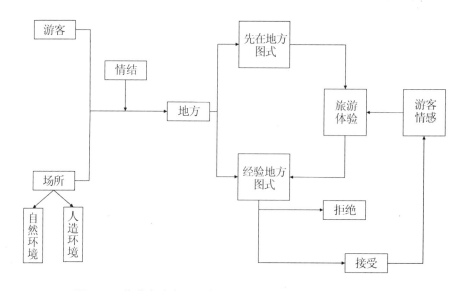

图2-9　旅游者地方感形成机制示意图(资料来源:李芬,2012)

2.5.3 研究述评

无论从结构特征或内容构成,还是从前因关系和后果效应上讲,地方感并不存在确切的标准化研究模式。从广义的角度理解,地方感是一切与个体感知、情感、价值或行为倾向有关的人本主义地理学及情感地理学研究范畴,随研究对象属性、个体所处环境及视觉刺激的变化而包括不同的内容,产生不同的影响效应。

地方感的本位研究中虽然文献数量巨大,较为成熟,但是仍然存在一些不足。既有研究主要倾向于就事论事和标准化的趋势,忽略了研究对象的特殊性及时间特征。虽然地方感的众多学者试图寻找一种标准化和普世性的研究范式,但是鉴于地理学研究对象的多样性和受到不同环境影响的不确定性,不同于心理学、社会学研究对象本身就具有内部一致性,本研究认为不可一味追求广泛的普适性,可以在小领域、小范围内建立一套适用的标准化模型,如文化景观的地方感的特征构建。地方感的外围研究内容和成果逐年增加,但是需要注意的是,地方感影响因素错综复杂,因此需要根据特定的研究对象、研究内容确定影响因素,避免一味地套用既有模型、变量研究进行不同旅游目的地的研究。

第3章 研究理论与方法

3.1 相关理论

3.1.1 环境美学

环境美学是一种交叉性质的学科,出现于 20 世纪 60 年代中期,被众多学科的专家所关注,如哲学、人文学、规划学、建筑学、景观设计学、文化地理学及心理学等。环境美学属于应用美学范畴,主要思想就是认为美学价值和准则应该被有意识地在日常生活中得到贯彻实施,如具有明确目的指向性的各类活动及事物。诚然,这种思想与传统美学的纯艺术思想是相对立的,我们不能否认纯艺术的东西经常包含实用的效用。环境美学的另外一个重要思想就是从审美角度阐述环境与景观之间的密切关系。

环境美学认为环境是人们生活着的自然过程,是被体验的自然过程(阿诺德·伯林特,2006),而景观是环境美的物质存在方式,具有审美潜能(陈望衡,2006)。该过程体现的是人与环境的贯通性,某种程度上,环境是一种由物质的、社会的、文化的情境共同构建的复杂关联系统,该系统是个体行为、反应、感知的表征,而景观恰恰是这种表征过程的结果。地理学家所定义的文化景观是指受人类活动如耕作方式、生活习俗等影响而形成的景观,是人类活动在土地上的印记(汤茂林,2000;Mitchell,2002;许静波,2007)。阿诺德·伯林特认为这种印记不单单是物质的,同样也是人类生活态度、意义构建、价值取向及情感反应的心理痕迹(阿诺德·伯林特, 2006)。

　　环境感知与景观评价是环境美学的两项重点研究内容。前者主要是将环境视为人类的统一体,它们是同一个事物的两个不同方面,包括了人类制造的所有物品和它们的物理环境以及与人类居住密不可分的事物,既包括自然环境,也包括人造环境(陈望衡, 2006; 2007)。环境美学理论下的环境感知通过不同的审美模式进行(王燚, 2011),主要有对象模式、景观模式、参与模式、唤醒模式等十多种。后继者的研究主要涉及实验和实践两个层面。其中,实验层面采用环境心理学的范式,对评价进行科学假设,量化数据研究,采用的多是构建模型、研究工具标准化等方法,并且融入环境的人文因素,如张捷等关于书法景观地理知觉特征的研究(张捷等, 2012)及 Qi 等关于书法景观审美体验的研究等(Qi, Yang & Zhang, 2013)。与此同时, Nasar(1994)也曾提及环境美学研究范式的本质是经验主义美学与环境心理学的融合,具体来讲就是采用一定的科学方法研究物理环境的刺激和个体反应之间的关系;实践层面主要针对的是景观规划与设计,研究内容侧重于如何将景观的美学价值量化以避免经济价值与审美价值之间的冲突,如风景美学评估模式在森林与荒野审美属性评估过程中的应用。

　　此外,环境美学直接影响到个体审美体验的产生。环境美学的实施方为个体,对环境的体验既包含对外部风景的审美,也包括个体对所视环境地理位置、景观等的感知,而这些又往往与个体所持有的观点、态度等相关联(阿诺德·伯林特, 2006)。从概念上理解,环境是具有一般性的普适性的概念,当其被赋予或特指某一特定地域后便成为特殊的环境,即景观。而此时,其内涵更强调的是个体作为知觉实施方参与其中的过程。从这个意义上理解,景观审美是对特定环境的审美,更加强调个体欣赏其内在的知觉价值。在这个审美过程中,个体的社会背景、经历、信仰和态度起到了重要的作用,也就是说,景观的审美或评价并不仅仅是一种纯粹的“个人的”行为,还是一种具有社会性的活动。毕竟,个体在对景观或艺术产品进行审美的过程中,影响个体的知识、态度或信仰等隐形因素很大程度上来源于社会文化和历史积淀。因此,个体的景观审美或评价过程兼顾个性与社会性两个层面。

3.1.2 环境-行为理论

环境行为学(Environment-behavior Study)是研究人与物质环境之间相互关系的科学,此处的物质环境又可以分为不同的尺度。它的研究重心涉及人类系统与物质环境系统之间的相互作用和依存关系,同时关注环境和人两方面相关的诸多研究内容。按照 Moore 的分类,环境行为学的研究领域涉及社会地理学、环境社会学、环境心理学、人体工学、室内设计、建筑学、景观学、城市规划学、资源管理、环境研究、城市和应用人类学,是这些社会科学以及环境科学的集合(Moore & Gollege,1996)。环境-行为理论在环境心理学研究中占据相当重要的位置,而环境心理学是社会心理学的一个应用研究领域。1974 年,Mehrabin 运用环境心理学理论创建了"刺激-组织-反应(SOR)"模型,并得到了学界的广泛认可(Mehrabian & Russell,1974)。后来的学者也有的将其演绎为"刺激-情感-趋向反应(SEAR)"模型,该模型以环境作为刺激,以个人情感作用代表组织,以趋向行为代表反应。目前,"环境-行为"的相关理论主要包括环境应激、唤醒、相互渗透、刺激负荷、行为局限、适应水平及生态等类型,此处着重介绍与本书关系最为密切的前两个理论。

(1) 环境应激理论

环境因素,如噪声、拥挤、工作压力、婚姻不合、自然灾害等,会引起个体反应,这些均属于应激源。个体反应包括心理反应、行为反应和生理反应。生理反应称为生理应激,而行为反应也称为心理应激,环境心理学家把它们合称为环境应激理论。其中,生理反应与心理反应往往相伴相生,联系密切。例如,应激反应往往会造成个体的情绪变化。换言之,个体能够根据自身已有经验去判断所处的环境信息,从而产生一系列的情绪反应,如兴奋、激动、恐惧和焦虑,这些均是最常见的几种情绪反应。环境应激还能够产生一系列行为和社会的新变化,从而使人们消除或适应应激所引起的不良情绪反应(如逃避行为反应)和身心方面的不适,具体可以从两个方面理解:针对自身的行为反应和针对环境刺激的行为反应(苏彦捷,2016)。就前者而言,针对自身的行为反应主要是指个体通过改变自身来适应当前的环境以达到积极应对环境刺激的目的。例如,改变已有的行为方式、生活方式,或改变自己的认知方式,再就是有意识地远离应激源的刺激范围。就后者来讲,针对环境刺激的行为反应可以理解为通过改变或消除环境的刺激来消除环境应激,但是由于环境是客观存在的,该种改变或消除环境刺激的做法在现实场景中往往难以实现,因此,一般不被相关学者采用(苏彦捷,2016)。在该理论框架下的旅游研究较少,其相关领域的行为反应研究多涉及个体的满意度、忠诚度以及承诺(Lee,et al.,2008)。

(2) 唤醒理论

英国行为主义心理学家贝里尼提出了环境行为理论,他在对人的感觉经验进行考察时发现,人对新奇刺激的感觉,是随着刺激的重复出现和历时的长短而展开的,刺激重复得越多,时间越长,感知表象的新奇性就会越低(苏彦捷,2016)。人在审美活动中获得的愉悦是由这样两种"唤醒"引起的:一种是"渐进性"唤醒,即审美情感的紧张度是随着感知和接受的过程而逐步增加的,最后到达度的临界点而产生愉悦体验;另一种是所谓"亢奋性"唤醒,就是情感受到突发的冲击迅速上升到顶点,然后在"唤醒"下退时获得一种解除紧张的落差式愉悦感。环境因素会唤起个体生理反应,增加身体的自主反应。作为影响行为的中介变量和干预因素,该理论适用于解释温度、拥挤和噪声如何影响个体行为。

(3) 相互渗透作用

相互渗透论认为,人与环境之间的作用是相互的,人们对环境的影响除了可以修正环境外,还可能完全改变环境的性质和意义(Brown,et al.,2007)。个体通过调整和修正物质环境,一方面改变着个体交往的各类人群,从而改变社会环境;另一方面通过重新诠释场所的目标和意义来不断地影响并改变个体所在的物质环境。Altman 等学者对相互渗透论的基本观点进行了总结,指出个体拥有期待、假定、改变物质环境性质的行为和意愿,并进一步说明了相互渗透理论的基本特征——人与环境并非独立的两极,其内涵和意义是一个整体中相互依存的不可分割的部分(Altman & Rogoff,1987),这也是相互渗透理论不同于相互作用观点中所提倡的二元论的特别之处。根据该理论,人对环境具有的能动作用既包含物质、功能性的作用,也包含价值赋予和再解释的作用(李斌,2008)。

3.1.3 人本主义地理学

20世纪60年代末,人本主义地理学出现在欧美人文主义思潮涌动时期,该时期出现了一系列对逻辑实证主义知识体系进行批判的理论,人本主义地理学便是这样一种理论。人本主义地理学的哲学基础是存在主义和现象学,代表人物有段义孚、雷尔夫、布蒂默、莱、赛明思和恩特里金等。自1976年段义孚发表的《人本主义地理学》系统地介绍了该学科之后,1978年上述学者共同出版了第一部关于人本主义地理学的论文集《人本主义地理学》。人本主义地理学的主要目标就是协调人与社会科学之间的关系,另外还容纳了知性(understanding)与智慧(wisdom)、客观性(objectivity)与主观性(subjectivity)、唯物主义(materialism)与唯心主义(idealism)之间的关系。同时,其主要任务是发展方法论,并深刻理解人类在世界所处的地位(段义孚,2006)。

根据《人文地理词典》(第五辑)对人本主义地理学(humanistic geography)的定义可知,人本主义地理学是运用多重甚至矛盾的方法解决人文地理学问题的地理学分支。该领域的核心思想就是以人为本,以人为地理中心,多利用不同的人文主义哲学范式,主要以本质主义、唯心主义、现象论和实用主义为研究方法论。20世纪70年代人本主义地理学的兴起是对当时实证主义和马克思主义"不人道"影响的一种回应,并最终促进人本主义地理学适应模型的演变。有学者认为人本主义的研究总是要与个人信念发生或多或少的联系,不论立场如何,且这种信念必须是更多地对人文现象的关注,而非唯物主义驱动下的"骷髅之舞蹈"(Buttimer,1990)。根据许多学者的观点,唯物主义是第二次世界大战后"科学"之改革,这种改革在人本主义地理学家看来并不能成立,在他们看来客观现实并不能被获得而人们的意识可以,他们将整个世界视为人类与"客观现实"相遇后的体验的综合(Cloke,Philo & Sadler,1994)。然而,也有学者认为主观层面的复杂方式对"客观世界"具有调节作用,并认为世界是以"身体为主"的超越物质生活的存在。例如,Seamon试图通过"身体芭蕾"的"前反射意向性"(人们通过环境产生运动来剖析地方意义丰富的特征)来研究地方的意义(Seamon,1979)。

　　人本主义地理学将人类体验和理解世界作为地理"中心",这不仅是一个专注于个人及其各种活动的本体论的举动,也是一种哲学运动。该范式下,人类的各类体验活动都是与时间、空间和景观等地理概念紧密联系在一起的。一些人本主义学者倾向于定性地考虑生活世界的概念,其目的就是要表征人与地方之间的密切关系(Buttimer,2005)。人本主义地理学中现象学研究牵涉到本质性,如空间或体验(Tuan,1978b),或者伴随着实体的属性,阐述空间或体验的研究方法。当部分学者在重点关注衔接地方与景观的人类体验时,一部分人本主义地理学家却将目光投向了人本主义,尤其是艺术学和文献学,并以解释的形式进行相关研究。人本主义范式认为通过"解释"世界上的一切现象能够捕获意想不到的思想火花,这些思考是系统化的地理学者所不可获得的(Meinig,1983)。然而,这部分能力卓越的艺术家或作家在一心为了获得人类体验的真谛而努力之时,却被无情地批判(Pocock,1981),被指责忽略了欧洲文艺复兴时期艺术表现的起源,如当时艺术家拥有的几何知识背景以及当时文学流派推崇的本质(Sharp,2000)。

　　此外,人本主义者将人作为地理研究的主观对象,并把目光投向了研究地理学家的人性这一议题。此议题下,人本主义地理学家强调解释及内在主观性的重要性,这一观点意味着研究对象不可能被视为单一个体,个体被认为是接收并处理信息、总结信息、存储信息的"容器"(Cloke,Philo & Sadler,1994)。

　　总而言之,人本主义地理学者强调体验和人类的主观性,趋向于唯心主义和唯意志论,且对事物间重要的结构联系具有一定的损害性。同时,过分地依赖个人行动所表现出的自由,并倾向于关注微观尺度的批判,尤其是对现实主义和结构主义理论的批判。这也导致了人本主义地理学涉足批判主义范式研究领域,即批判实证主义、结构主义以及结构马克思主义。该阶段主要包括两方面的内容:一方面主要涉及从解释学角度探索人类体验、表达的知识、物质的特殊载体及自我意识,多与历史学相关联;另一方面从存在主义和现象学角度出发,利用民族方法学和符号互动论关注空间的社会结构、世俗世界、想象世界中的社会景观、社会活动及其与人类的相互作用关系,与社会学关系密切。

3.1.4　符号互动理论

符号互动理论也可称之为象征式互动论(symbolic interactionism)，是一种通过分析个体在各种环境中的互动来研究人类群体生活的社会心理学理论，其核心思想是主张从人与日常环境(自然的或社会的环境)互动作用视角分析个体的心理活动。符号互动理论的思想渊源可追溯到 18 世纪英格兰的道德哲学家，尤其是大卫·休谟、亚当·斯密和亚当·弗格森等著名哲学家的有关思想。为了研究人类与社会，他们认为必须遵循人类相互联系的基本事实，把注意力集中在人与人之间存在的沟通、模仿及风俗等内容上。这些符号互动理论的起源思想为该理论雏形的出现以及系统观点奠定了基础，尤其是美国的社会学和社会心理学层面(Bryson,1945)。随后，符号互动理论的发展甚至影响到詹姆斯(Willian James)、杜威(John Dewey)等美国实用主义哲学家的思想(Stryker,1980)，他们可以称得上是符号互动理论起源思想的先行者。除此之外，符号互动理论的思想先驱还包括乔治·希美尔(George Simmel)、罗伯特·帕克(Robert Park)、威廉·艾萨克·托马斯(William Isaac Thomas)、查尔斯·霍顿·库利(Charles Horton Cooley)等。然而，符号互动理论系统化的研究工作并非出自这些先驱之手，而是主要由乔治·赫伯特·米德(George Herbert Mead)及其学生赫伯特·布鲁默(Herbert Blumer)完成的，真正意义上的概念则是由后者提出的(华莱士、刘少杰、沃尔夫,2008)。同时，符号互动理论还得益于美国社会学家欧文·戈夫曼(Erving Goffman)关于角色定性的相关研究，该内容在一定程度上推动了符号互动理论进一步发展。

符号互动理论可以成为理解人类行为的社会心理学基础。例如，弗农在其社会学著作《人类互动》中，便指出符号互动理论创造了一个导向性的理论框架，大量的社会知识都可以纳入其中(Vernon,1965)。据此，他认为文化、规范、角色和角色表演、情境定义、社会化、动机、社会系统、社会变化以及其他社会学概念在理解人类的休闲、娱乐和旅游活动方面都具有非同一般的价值，而这些都与符号互动理论或多或少地存在关联性。类似的，Colton(1987)通过深入探索符号互动理论框架，论述了与符号互动理论有关的各种概念，如角色、他者、情境、意义等对解释人类的休闲和旅游行为的重要作用。

　　符号互动理论的一个主要观点就是个体与符号之间存在密不可分的关系，即个体是使用符号的个体，符号是个体的符号。个体既生活在一个自然环境之中，同时也生活在一个符号环境之中（Aksan,et al.,2009）。还有学者进一步指出个体生活的世界并不是一种柏拉图式的理想王国，而是充斥着一个一个符号的世界，并且还是一个被符号化和建构的世界（Stryker,1980）。符号互动理论的研究者都极力强调人类使用和制造符号的能力与需求，并指出这种能力是人类不同于其他动物的独有特征，尤其是他们能够使用复杂和高度抽象的符号（Maines,1997）。从某种意义上理解，人类生活的社会实际上是一个由个体创造和使用的符号的总和。布鲁默在符号互动理论方面的重要著作《人与社会》中奠定了其基石作用，该作用的核心思想是同一群体中人们所共同使用的具有普适性的符号以及对符号的理解。在符号互动理论框架内，符号是一种基本的广泛概念，主要是指在一定程度上具有象征意义的事物，比如语言、文字、面部表情、语音语调、动作、物品甚至场景等，尤其是语言，它是人类最重要的符号，是所有符号中最丰富、最灵活的一个符号系统。他的学生米德在此基础上，借鉴行为主义心理学，尤其是冯特的"平行论"心理学的核心思想，把语言的产生归结于互动的结果，而且把语言的形成逻辑地分解成三个层次：姿态（gesture）、有声姿态（vocal gesture）和表意符号（ignificant symbol）。米德还强调了人类独有的符号，特别是语言符号对自我形成和发展的重要作用。符号互动就是一个通过人们对符号意义的相互理解而激发的过程，意义构成了人类社会互动的基石（Aksan，et al.,2009）。

　　随着研究的深入，该理论提及的符号意义就是将"符号"的社会功能放大，认为社会无处不在地充斥着"符号"，并指出"符号"是一切具有象征功能（意义）的事物，包括空间、场所、景观等社会建构的或自然存在的各形态事物。此外，符号互动理论的另外一个核心内涵就是认为事物除了本身含有的世俗的功能和内容外，还相对于其他事物具有一定的象征性，且事物对个体社会行为的作用往往取决于后者。反过来，事物的象征意义又来源于个体社会行为之间的联系（如语言、制度和文化等）及个体对事物的感知、体验。由此，我们不难发现符号互动理论强调事物本身不存在客观的意义，它的意义是人在社会互动过程中赋予的,且只有在人与社会的互动过程中事物的意义才能够被理解,同时,这种意义又会随着诸多社会因素的变化而发生改变(车文博,2001)。具体来讲,事物均存在于社会之中,社会是由许多事物组成的,彼此之间又通过社会发生关系。人与事物的关系就是人与社会的关系,在人与社会互相作用的过程中,个体被视为自身行为的主动创造者,自我设置行为的对象、赋予其一定的象征意义并做出进一步的行动指向,如趋向或趋避。Bruman 在《人与社会》中奠定了符号互动理论的基础,他强调符号及对符号的理解是区别不同群体的有效方式(黄晓京,1984)。符号的概念是指在一定程度上具有象征意义的事物,如语言、文字、物品、景观甚至场所等。在本研究中,我们主要是将文化景观视为一种符号交互作用的对象。众所周知,文化景观是一种人类社会的印记的物质呈现形式,其能够在一定程度上反映文化体系诸多属性,具有空间性、功能性、物质性和非物质性等属性。文化景观同样也是人类活动的传播者及文化信息传播的符号。而作为人类活动方式的媒介,文化景观的其他符号特征也具有明显的可读性(李鑫,2013)。某种意义上讲,景观的符号本质就是众多符号以一定的结构顺序组合而成,每一个符号都是文化信息的载体,蕴含着人类历史、意识、文明的众多信息。因此,人文地理学中的景观学派将文化景观视为人与环境作用过程中文化作用的结果,同时在一定程度上折射了不同社会文化集团或群体的文化属性。

书法景观是具有中国特色的传统文化景观和文化符号的典型代表之一,是城镇文化景观的重要组成部分,同样也是旅游和休闲过程中的重要符号代表(张捷、张宏磊、唐文跃,2012)。唐文跃对书法景观的符号效应做了解释,其认为书法景观对游客产生的符号效应表现在书法鉴赏、文化象征、审美引导等方面,并且具有一定的文化环境知觉、景观审美等行为符号效应(唐文跃,2014)。这种符号效应是人与景观相互作用的产物,能够在一定程度上揭示书法景观对于个体地方感的形成及环境行为的产生过程的影响,在旅游景区书法景观设计、景区文化氛围的营造甚至城市文化景观设计等方面具有指导意义。

3.1.5　认同理论

认同(identity)一词最早由弗洛伊德提出,他认为认同是个人或群体在感情上、心理上趋同的过程。近几十年来,认同理论在人文社会科学领域广泛使用,出现就认同的多维分析。认同,顾名思义就是对某种事物、场所、环境、活动等的一种心理上的赞许、情感上的喜欢以及行为上的支持。认同理论最初是由 Stryker 提及和解释的,主要包括三个主要议题——承诺、认同显著性、角色认同行为(Trail,Anderson & Fink,2005)。承诺是由相互作用的承诺和情感的承诺组成的,前者主要是被定义为与特殊认同相关的个人社会网络的广泛性;后者主要是指该社会网络对个人情感的影响。承诺影响认同显著性,认同显著性又影响到角色认同行为,他们还注意到认同内涵中体现的个人价值,其对个人认同行为产生一定的影响(Ervin & Stryker,2001)。

早期 Madrigal、Laverie 等人构建的认同模型均是以上述认同理论为依据的,认同理论的一个重要宗旨就是阐述个人的自我概念(Madrigal,1995;Laverie & Arnett,2012)。该概念是由多重的对已有行为具有一定意义,为未来行为提供一定指导的角色身份所组成的(Ervin & Stryker,2001)。换言之,自我的概念是对自我身份的多种意义表达及行为指导的一种归属感的寻找。角色身份代表了个体对已有社会属性的一种自我判断,该判断是获取社会认知的必然手段。正如 Callero 所说,"……角色身份更是一种自我区别于他人的标志"(Callero,1985),比其他的身份更为重要,尤其是在特定的社会情境下。自我概念的角色身份,在一定程度上就是个体的归属问题。对于特定的民族来讲,自我概念区别于其他人的重要标志之一便是是否有一种角色上的归属,而对于文化的身份来讲,个体能否清楚地认识自我在文化属性上与他者之间的区别是决定个体对该文化是否认同的关键因素之一。

此外,Ervin 等指出自尊与认同理论密切相关,均为自我概念的重要组成部分,认同是自我概念的认知性表述,而自尊则是自我概念情感层面的解释(Ervin & Stryker,2001)。自豪感是自尊的重要表现形式,对自我文化的认同很大程度上是对文化自尊的一种情感上的自豪。个体自尊弱则被激励,个体自尊强则被保持,对于文化群体,此类结论可以理解为对民族性文化的认同就是要充分保持内在的文化自尊心,外在则流露出文化自豪感。认同理论既然与自我概念密不可分,作为社会属性极强的个体,其行为的产生多少受到情感的影响。人们只有对"自我"文化产生极大的认同,才会真心表达对此文化的热爱之情,从而拥有与之相对应的文化心理,真真切切地去维护、传播及传承该文化的价值(方国清,2008)。正如人与地方之间的情感联结被称为地方依恋一样,本研究姑且将自我与自我文化之间的情感联结称之为文化依恋。

综上所述,认同理论可以从角色的归属、对特定目标的情感依恋及角色的自尊等方面进行理解。然而,认同理论所指目标包罗万象,本研究着重研究的是旅游地理、人文地理及文化地理等领域出现较多的两种:文化认同和地方认同。其中,文化认同研究多分布于社会学领域,其他领域略显冷清。地理学、旅游相关领域的研究主要集中在文化认同的社会构建过程(李珊珊、龚志祥,2013)、旅游过程中的主客文化关系(李珊珊,2013;李珊珊、龚志祥,2013)、跨文化认同(张捷等,2014;蔡晓梅、朱竑,2012;何彬,2008)等方面,对文化认同特征的研究较少,而研究文化认同与其他概念之间关系的较多,如与地方感、旅游意象的关系以及与社会经济发展的关系(廖雅梅,2014)等。

3.2 研究数据与方法

3.2.1 案例地概况

(1) 厦门书法广场

厦门书法广场建成于 2006 年底,是现代书法景观展示的重要城市休闲娱乐场所,也是全国第一个以书法景观为主题的广场。广场位于厦门市思明区环岛路上的曾厝垵路段,全长约 500 米,占地近 3 万平方米。该广场主题以"以天为纸、以海为墨"为理念,大致分为东部、中部和西部三个区。东部为静态书法景观区,即"书"字片区,其中布置了各种类型的现代化造型的书法景观小品,如繁星点点分散于草坪、廊道及设施之间,并设有便于休憩的笔架长廊。该区内的书法景观多展示历史上著名的书法大家(如弘一法师、米芾、王

羲之等)及厦门本土的当代书法家名家作品(图3-1a)。中部为沙滩,用刻有
不同字体"涛"字的火山岩及鹅卵石排成一个巨大的繁体"寿"字,借海为
"氵",非常巧妙地利用和融合了自然环境(图3-1b)。西部为石刻区,主要展
示象形文字、甲骨文等石刻,兼顾休闲就餐。具体依据地形可分为"八区",如
传世书法作品再现区、厦门书法名家展示区、文房四宝普及区及历史典故区
等,同时结合现代景观小品设计风格,打造出独具特色的满足书法交流、临摹
和拍摄等需求的书法景观场所环境。

a. 弘一法师书法　　　　　　　　　　　　　　b. "涛"字

图 3-1　厦门书法广场书法景观示意图

(2) 镇江焦山碑林

焦山碑林是中国第二大碑林,全国重点文物保护单位,国家5A级风景名
胜区,主要由摩崖石刻展示与碑林集中陈列,存有六朝至民国时期各类碑刻
近600方,为我国传统书法景观旅游场所(图3-2)。碑刻在焦山东麓,宋庆
历八年(1048年)曾收集梁、唐书法家的石刻,建宝墨亭收藏,经元、明、清多次
兴废,清道光年间(1821—1850年)重建于海云庵内。1958年,镇江市文物管
理委员会将散存在南郊的碑刻集中于焦山,并修缮玉峰庵、香林庵、海云庵等
寺庙旧址用作碑刻陈列。书法景观以摩崖唐刻《金刚经偈句》、宋刻《米芾摩
崖题名》与《陆游踏雪观瘗鹤铭》(简称《瘗鹤铭》)等书法上品最为有名,具有
很高的历史文化价值。摩崖石刻在镇江焦山西麓沿江一线,环集焦山西侧峭
壁,气势磅礴,存有六朝以来刻石百余方,崖壁满刻南朝以后历代游人的诗
文、题字、留名,现已查清的有80余处。著名的有宋米芾的"仲宣、法芝、米芾

元祐辛未孟夏观山樵书"。陆游的"陆务观、何德器、张玉仲、韩无咎隆兴甲申闰月廿九日踏雪观瘗鹤铭,置酒上方,烽火未息,望风樯战舰在烟霭间,慨然尽醉,薄晚泛舟自甘露寺以归"等题刻。此外,焦山碑林还集中展示收集到的碑刻近 500 方,其中史料和书法艺术方面的碑刻各 200 余方,其他方面的碑刻约 50 方。其中,书法艺术类以《瘗鹤铭》最为著称,署名"华阳真逸"撰,"上皇山樵"书,是一篇哀悼家鹤的纪念文章,无纪年及作者,自宋代即有东晋王羲之说和南朝陶弘景说,多数学者认为《瘗鹤铭》的书法代表了南朝楷书的风格,历来对其评价甚高,是探讨南朝书法由隶转楷的一件重要作品,被誉为"大字之祖",而史料碑刻类以《大唐润州仁静观魏法师碑》为最早。

图 3-2 镇江焦山碑林书法景观

3.2.2 问卷设计

问卷内容主要包括两大部分:第一部分为游客人口统计学特征及书法熟悉特征组成,主要涉及性别、年龄、民族、职业、受教育水平、平均月收入、书法练习、书法欣赏及书法爱好等;第二部分包括游客的环境刺激、趋向反应、情感反应、书法景观审美评价、书法景观地方感及书法文化认同六大层次。环境刺激主要参考相关文献关于消费行为产生过程中购物环境刺激作用的研究,涉及游客对案例地氛围、空间布局及交流环境的感知;趋向反应借鉴已有书法景观研究测量语义项,包括对旅游地书法景观的满意度、行为意愿及承诺;情感反应参考景观评价的心理模式研究中提及的情感反应,如愉悦、激动及有趣等;书法景观审美评价主要参考相关论述(van den Berg, Koole & van der Wulp, 2003;Mackay & Fesenmaier, 1997;张捷,2011a),包括是否喜欢、美丑、有无印象、趣味性选项①,鉴于书法景观的文化特性,增加"文化氛围"相关测量语义项;书法文化认同参考相关学者的研究结果,从文化归属感、文化自豪感和文化依恋三方面进行阐释;书法景观地方感的相关测量语义项在参照唐文跃关于九寨沟游客地方感及相关研究的基础上,并根据张捷关于书法景观存在审美特征的观点对测量语义项进行修正。所有问卷测量语义项参考附录 A,所有英文缩写词汇对应释义详见附录 B。

3.2.3　数据获取方式

本研究书法景观游客感知内容数据源自问卷调查。问卷发放地点选取了镇江焦山碑林和厦门书法广场,采用实地调研随机抽样并当场收回的方式进行,分别于 2016 年 1 月 1—3 日在镇江焦山碑林、1 月 16 日—23 日在厦门书法广场进行发放,调查对象主要为参观完书法景观的游客,分别发放游客问卷 600 份和 650 份,分别回收问卷 557 份、643 份,问卷回收率分别达到了 92.83%、98.92%,剔除不完整、错误及残损等无效问卷,分别保留有效问卷 485 份、589 份,有效问卷率分别达到了 87.07%、91.60%。

从数据的统计学特征看:厦门(镇江)样本的男女比例没有太大差距,分别占总样本的 40.24%(49.28%)和 59.76%(50.72%);从年龄看,15—24 岁的青少年(25—44 岁中青年)比例占总样本的 55.86%(53.40%);从职业来看,学生样本比例最大,占到总样本的 43.80%(30.72%);受教育程度集中在大专/本科层次,共有游客 468 人(322 人),占到总样本的 79.46%(66.39%);客源地方面,来自非福建省(江苏省)的游客较多,客源市场比较集中;收入在 3000 元以下的占总样本的 46.69%(43.71%);年参观书法相关展览次数集中在 1~2 次,而超过一半的人有过书法练习的经历,却仅有将近三分之一的人视书法为业余爱好(表 3-1、表 3-2)。

---

① 已有的研究都是针对景观类型的喜好、有无兴趣等,而且多集中于自然环境或景观,缺少特定景观审美评价,尤其是文化景观的相关研究。鉴于书法景观首先是一种文化景观,其反映的文化内涵不言而喻,故在进行书法景观本位研究的同时应该关注其文化属性的研究。

表 3-1 厦门书法广场样本书法属性及人口统计属性表（$n=589$）

内容	人数	比例(%)	内容	人数	比例(%)
性别			教育程度		
男	237	40.24	小学及以下	3	0.51
女	352	59.76	初中	17	2.89
年龄			高中或中专	56	9.50
≤14 岁	3	0.51	大专/本科	468	79.46
15—24 岁	329	55.86	硕士及以上	45	7.64
25—44 岁	218	37.01	职业		
45—64 岁	35	5.94	政府机关	13	2.21
64 岁以上	4	0.68	公司职员	168	28.52
收入			商贸人员	9	1.53
≤3000 元	275	46.69	服务员/销售员	18	3.06
3001~5000 元	160	27.17	技工/工人	18	3.06
5001~7000 元	78	13.24	农民	4	0.68
7001~9000 元	36	6.11	军人	6	1.02
>9000 元	40	6.79	学生	258	43.80
客源地			教师	30	5.09
省内	98	16.64	离退休人员	7	1.18
非省内	491	83.36	其他	58	9.85
年参观书法展览次数			书法练习史		
0	136	23.09	练习过	386	65.53
1	190	32.26	没练习过	203	34.47
2	150	25.47	书法爱好		
3	54	9.17	是	181	30.73
≥4	59	10.01	否	408	69.27

表 3 - 2　镇江焦山碑林样本书法属性及人口统计属性表($n=485$)

内容	人数	比例(%)	内容	人数	比例(%)
性别			教育程度		
男	239	49.28	小学及以下	13	2.68
女	246	50.72	初中	29	5.98
年龄			高中或中专	68	14.02
≤14 岁	16	3.30	大专/本科	322	66.39
15—24 岁	180	37.11	硕士及以上	53	10.93
25—44 岁	259	53.40	职业		
45—64 岁	27	5.57	政府机关	27	5.57
64 岁以上	3	0.62	公司职员	144	29.69
收入			商贸人员	10	2.06
≤3000 元	212	43.71	服务员/销售员	16	3.30
3001～5000 元	125	25.77	技工/工人	24	4.95
5001～7000 元	79	16.29	农民	11	2.27
7001～9000 元	26	5.36	军人	16	3.30
＞9000 元	43	8.87	学生	149	30.72
客源地			教师	35	7.22
省内	309	63.71	离退休人员	8	1.65
非省内	176	36.29	其他	45	9.28
年参观书法展览次数			书法练习史		
0	61	12.58	练习过	256	52.78
1	115	23.71	没练习过	229	47.22
2	126	25.98	书法爱好		
3	74	15.26	是	124	25.57
≥4	109	22.47	否	361	74.43

3.2.4　具体技术

（1）信度检验方法

运用信度分析方法可以检测问卷的一致性和稳定性，以达到控制和减少可能出现的随机误差。此方法的检验结果可以删除某测量语义项的一个依据，并且纠正"总体-相关"系数及提高相应的 α 值。在实际应用中，"总体-相关"系数不得低于 0.30（Yan，et al.，2016）。一般情况下，内部一致性系数，即 Cronbach' α 值，应该大于 0.70 才能保证问卷可靠性，也有研究表明在 α 系数大于 0.60 的情况下也是可以保证问卷的信度的，也可以通过检测（Yan，et al.，2016）。

（2）因子分析

探索性因子分析（EFA）中常用的是主成分方法，其是一种降维处理的计量手段，多采用最大旋转方差对数据结构中的多元观测变量进行检测（Yan，et al.，2016；颜丙金等，2016）。巴氏球形系数（Pap spherical inspection）和取样适合性检定（KMO）是进行探索性因子分析前必须进行的假设检验，目的是确定具有显著相关性的观测变量项目数是否能满足探索性因子分析的需要。其中，当巴氏球形系数的显著性 p 小于 0.05 以及 KMO 不小于 0.6 时才能进行探索性因子分析。根据相关研究，主成分分析结果的变量中有且仅有一个主因子的因子载荷值大于 0.40 时，并且"总体-相关"系数不小于 0.30 时方才有效，可以保留（Zhou，Zhang & Edelheim，2013）。

验证性因子分析（CFA）检验潜在结构能否形成稳定的测量模型，用因子载荷（SFL）、平均变异数抽取量（AVE）和组合信度（CR）检测。一般情况下，SFL 应该在 0.40 附近取值，越大越好，也有学者认为仅个别测量语义项 SFL 在 0.30～0.40 也不需删除；AVE 的取值要求为绝大部分数值在 0.40 以上，允许个别数值接近该标准；CR 数值则普遍要求大于 0.5 时方可取（Zhang，et al.，2012）。

（3）非参数检验

游客自身社会属性对既得体验具有一定的主观影响（颜丙金等，2016），导致不同社会、经济属性人群对书法景观的认识和感受不尽相同，需要检验和判断不同属性游客之间是否在体验维度上存在差异。首先,通过K‐S正态性检验总体样本是否服从正态分布。结果表明,游客体验各维度的正态性检验 p 值均小于 0.05,证实总体样本不符合正态分布,可以进行非参数检验。卡方检验、秩和检验(Rand Sum Test)等是社会学和经济学中常用的非参数检验(史兴民,2012;史兴民、刘戎,2012)。其中,卡方检验受到数据分布型的限制,主要适用于分类变量,而秩和检验适用范围较广,能够分析任何分布型的数据,故本书选择后者。本研究的游客个体属性主要涉及游客的书法属性(书法练习史、书法业余爱好、每年参观书法展览的次数)和人口统计学属性(性别、年龄、职业、受教育程度和月收入)两方面内容。游客书法景观感知的书法练习史、书法业余爱好及性别差异主要运用两独立样本非参数检验中的Mann-Whitney U 检验,而分析年参观书展次数、年龄、职业、教育程度以及月收入差异时采用多独立样本非参数检验中的 Kruskal-Wallis H 检验(颜丙金等,2016;郭永锐等,2014)。

　　两独立样本 Mann-Whitney U 检验的原理:分别求出两个样本的秩的和, W_x 和 W_y。若 $m<n$,检验统计量 $W=W_x$;若 $m>n$,统计量 $W=W_y$;若 $m=n$,统计量为第一个变量值样本组的 W 值。计算公式如下:

$$U=W-\frac{[k(k+1)]}{2} \tag{1}$$

式中: k ——W 对应样本组的样本数据个数。

　　多独立样本非参数检验 Kruskal-Wallis H 检验的原理:假设 k 个样本具相似分布,则在样本量不太小的前提下,统计量 H 服从自由度 $k-1$ 的 x^2 分布,计算公式如下:

$$H=\frac{12}{N(N+1)}\sum_{i-1}^{k}\frac{R_j^2}{n_j}-3(N+1) \tag{2}$$

式中: k ——样本数,
　　　n_j —— j 个样本中的变量数,
　　　N ——所有样本的变量数之和,
　　　R_j ——第 j 个样本中的秩和。

(4) 结构方程模型

结构方程模型 SEM 由 Joreskog 与 van Thillo 于 1972 年首次提出

(Reisinger & Turner，1999)，其思想起源于 1921 年 Sewll Wright 构建的路径分析(Wright，1921)。该方法最初是由心理学者张建平在 20 世纪 90 年代末引入国内的，至今已被国内外的医学、心理学及管理学等众多学科领域的学者广泛应用，并被称为近年来应用统计学三大进展之一。SEM 得以广泛应用主要是因为其具有允许变量存在测量误差，可以估算出难以直接测量的隐变量内部及其与显变量的定量关系，兼顾理论验证和多变量数理关系分析技术两个层面，从而实现了定量分析与定性研究的深度结合，可以通过路径图更直观地表达变量间的关系等众多的功能和优点。

SEM 是一种检验和估测已有理论假设关系的数据分析技术，具体利用 AMOS 18.0 进行两步法检验模型适配性(Yan，et al.，2016；Zhang，et al.，2012)。首先，采用 CFA 检验潜在结构能否形成稳定的测量模型，用因子载荷(SFL)、组合信度(CR)和平均变异数抽取量(AVE)检测；其次，采用绝对适配指数、相对适配指数和过度适配指数进行结构方程模型初检验(Zhang，et al.，2012)。

(5) 空间插值

空间插值是用空间离散数据(不连续点数据)转换为连续数据估计趋势曲面的一种探索性空间分析方法，目的在于方便探索数据的空间分布形态，在旅游空间、城市空间等研究中均得到了广泛的应用(李立、汪德根，2012；张志斌等，2014)。空间插值可以从两个大类的方法进行理解：一个是应用地统计学的思路；另一类是确定性的方法。地统计学的思路利用的原理是数量样本之间的空间自相关，通过对已知样本点的统计规律及样本间的空间自相关在待预测点周围构建起一定形式的空间结构模型，该类方法的代表有 Kriging 插值法(史坤博等，2016；朱求安、张万昌、余钧辉，2004)；所谓确定性的方法的基本原理就是构建起拟合曲面以达到对预测点的估计，主要是根据已知样本点数据之间信息的相似度或曲面的光滑度来完成拟合曲面的估计，该方法的代表有反距离权重(IDW)(王发曾、吕金嵘，2011)、样条函数(Spline)。本研究实际采用的是以省份为单位的游客感知均值进行插值，插值可用点较为分散，数量不多，且对精度要求不是很高，因此，采用反距离权重进行空间插值分析较为合适。

　　反距离权重的主要思想是待预测点离观察点越近其权重越大（距离作为计算权重的唯一参考指标），而待预测点受到观察点的影响就越大。其优点在于观察点本身是真实的、准确的。同时，在具体的操作过程中，可以通过模块中的搜索半径来限制插值的点个数，以便减小插值点处的误差，也可赋值给 power 选项，以确定结果受最近原则影响的程度。

第 4 章　书法景观环境刺激的游客感知

4.1　研究假设

　　根据"2.2 环境刺激"中的相关描述,我们可以推断趋向反应能够说明人类具有生物最基本的生理行为,并且容易受到环境的影响。该概念连同氛围吸引被用来研究日常或旅游过程中的消费行为,不同的消费行为的产生大都受到购物氛围或环境感知/认知的影响。在已有的"刺激-反应"模型中,最早可追溯至 1974 年 Russell、Mehrabian 对环境心理学的"刺激-组织-反应"的理论阐述(Russell & Mehrabian,1974),用以理解人们对于物质环境的反应,被以后的学者称为 Mehrabian-Russell(M - R)模型。该模型是行为主义中"刺激-反应"理论的扩展和完善。起初,"刺激-反应"范式被众多的实验心理学家用在动物的学习行为研究中(White,1993),众多的"刺激-反应"实验结果显示动物在不同的外界刺激下的学习技能在不断进化。然而,这种经典行为主义理论却受到不同程度的非议,被认为仅仅是将简单和孤立的框架内的自动过程进行关联,缺少复杂的人类精神活动(White,1993;Moore,1996)。

　　虽然 Russell 和 Mehrabian 讨论了情感受到不同物理环境的刺激从而产生迥异的人类行为,并指出这个过程仍在"刺激-组织-反应"范式之内,但是并没有真正地构建物理和社会环境下的内部评价。后来,一些后继者在已有的研究之上不断地完善和改进模型,并认为刺激不单单是物理的环境,更有社会的甚至感知的环境,这些环境都会对人类内部评价产生一定的积极或消极的行为(Robert & John,1982;Eroglu,Machleit & Davis,2001)。此外,基于"刺激-组织-反应"理论范式,改进后的 M - R 模型同样假设个体感知及对物理环境和社会环境的诠释影响到个体在环境中的感觉。同时,该模型还认为高兴、觉醒等情感反应影响到个体行为,继而使得行为产生两种相反的结果:趋向或逃避。

环境(行为)心理学相关学者还指出,环境是一切情感和行为产生的刺激源。Moore 等断定人与环境之间存在一种交互作用的主观构建,该思想强调只有在一定的场景或媒介下体验才会被完全理解并做出感知信息回应,从而产生一定的情感响应,并以此激发适应性行为(Moore,1996)。同时,Amedeo 等研究 5 种不同环境下个体的情感反应时发现"人-环境-行为"模型中人对环境的反应是以情感为基础的(Amedeo & York,1984)。事实上,情感反应也可从环境层面理解,即在环境背景下产生的人与景观(环境)交互作用的结果,其本身与景观(环境)审美有着密切的关系。场所既包括物质环境,也包括诸如社会环境的非物质环境,如同个体一样具有情感属性,能够引起情感变化。同样的,Ulrich 也曾断言个体在特定环境或背景下最直接的反应便是情感(Ulrich,1983),而游客情感反应被认为是体验的核心内容,影响到满意度、态度判断等,进而影响到游客的行为意愿(张建国、庞赞,2015;Bigne & Andreu,2004;Hosany & Prayag,2013;蒋丽芹、熊乙,2015)。除此之外,有学者也指出之所以旅游环境影响了游客的情感变化,是因为游客在消费相关服务、产品时与环境密不可分(刘力等,2010;Chebat & Michon,2003)。在之前的一些研究中,具有刺激作用的环境多指物理环境(Turley & Milliman,2000)、设计和环境相关因素等(Sherman,Mathur & Smith,1997;Wakefield & Baker,1998),而 Palau-Saumell 等在研究世界遗产地游客所处环境时指出旅游地建筑、服务相关感知等属于环境范畴,遗产建筑由于其视觉因素和建筑风格(悠久的历史、文化属性)等能够唤起游客情感反应(Askari & Dola,2009;Palau-Saumell,et al.,2013)。服务相关感知中,Lee、Palau-Saumell 及 Wang 等学者认为从业者的态度和情感也是影响游客情感的重要外在因素(Lee,2014;Palau-Saumell,et al.,2013;Wang & Mattila,2015)。

满意度、承诺及忠诚度是经济、旅游相关研究,尤其是个体行为研究的重要内容。例如,Khan、Kadir 和 Wahab(2010)从功能价值和关系价值入手探讨了顾客行为意向最显著的前向因子,同时认为满意度和承诺作为直接的前向因子与顾客行为意向之间存在显著的相关关系。还有学者研究表明,满意度对积极的承诺和重游意愿有着显著的正向关系,且承诺在游客满意度和行为意愿之间具有一定的中介作用,而行为意愿(重游意愿和推荐意愿)是忠诚度的重要组成部分(Tapar,Dhaigude & Jawed,2017)。

具体假设关系及概念模型(图 4-1)如下:

H_1:游客环境刺激感知对情感反应具有显著的正向影响

H_2:游客情感状态对其趋向反应具有显著的正向影响

H_3:游客整体满意度对其行为承诺具有显著的正向影响

H_4:游客整体满意度对其行为忠诚具有显著的正向影响

H_5:游客行为承诺对其行为忠诚具有显著的正向影响

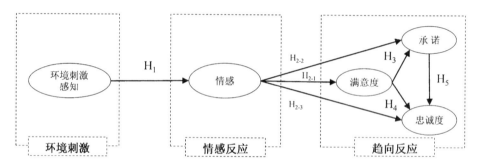

图 4-1 游客感知的 SEAR 概念模型

4.2 测量指标选取与设计

已有的环境刺激感知研究集中在消费学、经济学研究领域。环境刺激在最初的研究中被认为是一种经过设计的氛围,主要是指一系列由艺术环境设计者附加在空间上的感官质量(Kotler,1972)。这种感官质量被 Bitner 和 Booms 视为一种人为的空间美学,更被认为是一种有效的无形旅游产品(Bitner & Booms,1982),能够作为一种旅游消费品影响到个体的主观视觉体验。随后,研究节庆场所环境的相关学者将环境刺激划分为三个层面进行考量:气氛、布局和设计、社会服务环境。其中,气氛主要包括那些非视觉的影响到感知的可操纵的背景元素,如音乐。在一些游憩休闲场所,设计者可以控制场所内的内容、食品售卖类型等以打造令人愉悦的休闲游玩环境,带给参观者积极的体验;根据 Marans、Spreckelmeyer 和 Buttle 的量化指标,布局和设计同样与场所功能密切相关,且加入了物理环境美学角度的审视,以期使参观者产生一种积极的购物冲动和意向,如餐饮和场所位置、停车便利、洗手间等公共设施的便利程度及足够信息的标识等以期促进参观者舒服感(Marans & Spreckelmeyer,1982;Buttle,1984);而 Bitner 则明确指出社会服务环境涉及服务接触和参观者之间的社会交际(Bitner & Booms,1982)。从社会学角度理解,游憩休闲场所本身就是一个特殊的社交场所。通过与其他游客之间的交流和管理者之间的交流产生对场所工作人员服务信息的一种感知和评价。然而,上述学者多从其中一方面或两方面进行研究,Lee 在研究节庆场所的情感与环境刺激之间的关系时结合已有研究成果对既有指标进行了修改和增补,构建了包括 23 个测量项的环境刺激感知量表(Lee,2014)。鉴于厦门书法广场为开放性的休闲场所而非收费制的景区,因此,本研究在考虑实际情况之余认为旅游作为游憩休闲活动之一,除上述文章中测量的服务环境之外,还应借鉴书法景观休闲限制研究中关于人际因素的相关测量指标(张宏磊、张捷,2012)。毕竟游客在景区接触到的人员除了工作人员还有随行人员,服务环境或服务接触是景区短暂性人际交流的一种,工作人员、随行人员、游客之间的交流都可视为整个的旅游管理与交流环境。

表 4-1　书法景观场所环境刺激游客感知测量维度及语义项一览表

维度	测量项	参考文献(部分)
氛围	这里的自然环境优美	Bitner & Booms (1982)
	这里很安全	Lee (2014)
	这里看上去很干净	Lee (2014)
空间与布局	这里的视野很开阔	Abonn, et al.(2007)
	这里所在的位置很容易找到	Abonn, et al.(2007)
	这里的文字解说很有用	Lee (2014)
	这里空间布局很合理	Bitner & Booms (1982);Abonn, et al.(2007)
	这里的休息设施很多	Lee (2014);Bitner & Booms (1982)
	这里的各类设施很容易找到	Lee (2014)

续　表

维度	测量项	参考文献（部分）
管理与交流	我感觉这里有点拥挤	Lee（2014）；李莉等（2016）.
	我感觉当地人很友好	Lee（2014）
	我感觉这里的游客很友好	Lee（2014）
	这里服务信息获取很方便	Abonn，et al.（2007）；Lee（2014）

关于情感反应,早在 20 世纪 70 年代,Mehrabian 和 Russell 就提出了不同的环境中情感的三维表达,即高兴、唤醒和支配(Russell & Mehrabian,1974)。高兴表达了个人对某种形式的开心程度、满意程度,从属于个人对环境偏好的一部分;唤醒的情感状态是一种激励的心理表征,例如对某种环境感到兴奋、激动或是警觉;支配是指个人在特定环境下感到受约束的程度。在景观,尤其是文化景观的研究中,情感被认为是一种蕴含式的行动影响因素,反映了感知景观、向往或趋向景观的心理状态(Kaltenborn & Bjerke,2002)。Richins 研究消费场所的情感时指出包括高兴、自豪和满足等在内的积极情感往往被个体所感知,最终形成了"消费情感集合",该观点被旅游和休闲研究中的众多学者所借鉴、改进,被公认为情感研究的基础理论。Tsaur 和 Wang 研究台北动物园的游客时将情感作为探索影响忠诚度的关键影响因素,并通过探索性因子分析确定了情感的三个层次:愉悦/轻松、惊讶的/激动的、惬意的/享受的(Shenghshiung，Yiti & Wang，2006)。Bigné 等通过情感的认知理论构建了主题公园的游客满意度-行为意向模型,将游客情感划分为高兴和唤醒两项内容(Bigne，Andreu & Gnoth，2005),并且指出情感对满意度和忠诚度具有积极的正向影响。Coghlan 等从 CES 中选取了 18 种,用以解释游客情感反应与其出游动机、满意水平之间的关联,但选用的仍然是一种心理学的情感测量尺度,如高兴、快乐、沮丧、愤怒、担忧及孤独等,其结果证实了整体满意度仅反映了情感变化的一部分(Coghlan & Pearce，2010)。另一位学者同样应用 CES 检验消费情感的强度,他们发现情感,尤其是积极的情感强弱会因不同的节庆环境而产生变化(Lee & Kyle，2011)。但是 CES 由于测量语义项过于烦琐复杂,许多学者倾向于用 Izard 在 1977 年提出的情感类型(Izard，1977),Jang 等就将其分类合并为 4 种积极的情感(欢乐、兴奋、平静和有神)和 5 种消极的情感反应(生气、反感、厌恶、害怕和羞耻)以解

释餐饮环境中情感在游客感知质量与行为意愿之间的中介效应（Jang &
Namkung，2009）。另一个使用较为广泛但出现较晚的情感反应测量模型是
Hosany 等在 2009 提出和构建的 DES（Destination Emotion Scale），其涉及
高兴、喜爱和正面的惊奇等方面（Hosany & Gilbert，2009）。DES 被认为是
影响情感反应的决定性因素，也是探索情感模式与消费后评价之间关系的重
要方法（Hosany & Prayag，2013），其核心内容是综合和归纳了游客情感反
应的 5 种模式：兴高采烈、无动于衷、消极负面、喜忧参半和激昂热情。

　　除此之外，有的情感研究模型与环境对象紧密相连，有的则认为情感测
量不应该忽略空间尺度，例如 Russell 和 Mehrabian 提出的 P－A－D 模型并
关注情感产生的环境刺激作用（Russell & Mehrabian，1974）。众多学者认为
P－A－D 模型能够很好地预测在荒野目的地游客的行为意愿（Ma，et al.，
2013），并且能够很好地理解环境刺激的游客感知（Chebat & Michon，2003；
Li，Scott & Walters，2014；Chamberlain & Broderick，2007）。其他积极情
感相关研究见表 4－2。

表 4－2　个体积极情感研究测量项整理一览表

作者（时间）	测量项	主要观点
Donovan，et al. (1994)	PAD 模型	购物经历中消费者的情感能够有不同的影响效果，而快乐的情感是购买意愿的重要预测指标。
Baloglu & Brinberg (1997)	PAD 模型	PAD 模型的应用能够形成一种情感意象，从而促进目的地的形象。
Wirtz，Mattila & Tan (2000)	PAD 模型的高兴和唤醒维度	高兴和唤醒两个维度能够决定游客购物后的评价，如满意和重购意愿。
Machleit & Eroglu (2000)	Izard、Plutchik 模型与 PAD 的情感维度	PAD 模型描述和评价购物环境的情感反应效用最低。
Zins (2002)	综合 PANAS 和环状测量维度	在一定环境或场所中，情感能够对体验质量和满意度产生显著影响。
Chebat & Michon (2003)	PAD 模型和情感认知理论测量维度	情感的认知理论能够很好地解释环境刺激对消费者情感反应的作用。
Bigne，Andreu & Gnoth (2005)	PAD 模型中的 12 个情感种类	确认了情感反应与满意度、行为意愿之间的显著作用关系。

续　表

作者（时间）	测量项	主要观点
White & Scandale (2005)	PAD 模型	在不同民族中,情感反应都是预测行为意愿的最强有力的因素。
Yüksel & Yüksel (2007)	PAD 模型	特定环境刺激产生的情感影响到与服务人员的交流意愿、重游意愿。
De Rojas & Camarero (2008)	PAD 模型中的高兴维度:6 个测量项	个体感知质量与情感之间存在显著的作用关系。
Jang & Namkung (2009)	Izard 情感分类	情感被认为是感知质量与行为意愿之间的重要联结所在。
Coghlan & Pearce (2010)	消费情感测量度(CES)	旅游动机、活动、游客情感反应、游客满意度之间存在着密切的关联。
Lee & Kyle (2011)	消费情感测量度(CES)	测量节庆环境下的游客情感反应特征;游客的消费情感测量维度被证明是不一致的,随着时间有所差异。
Hosany & Martin (2012)	快乐、喜爱和积极的惊讶	高兴、目标一致和内部自容性是 DES 的认知评价维度。
Hosany & Prayag (2013)	DES:快乐、喜爱、积极的惊讶和消极情感	游客的情感反应可以从 5 个类型理解:兴高采烈、无动于衷、消极负面、喜忧参半和激昂热情。

根据情感地理学的相关观点,Davidson 和 Milligan 虽然并未使用定量的测量方法,但是从空间的角度出发质性阐述了独一无二的"个人地理"中的情感关联、交互的本质是一种空间的衔接,同样也是一种隐喻(Davidson & Milligan,2004)。在这种空间衔接和隐喻表征下,情感才被赋予在特定的物质存在之上,当且仅当个体与物质存在通过视觉、听觉等感官相互接触时,个体才会对景观有一种认知和判断,并映射在大脑产生的某些意象上。据此,Yan 等在研究灾难景观时指出情感反应能够影响到游客体验的产生,尤其是与同情逝者等情感相关的体验具有积极的显著关系,他们列出了两种主要的情感状态——害怕和沮丧(Yan, et al., 2016)。不难看出,并不是只有用到复杂的情感测量模型时才能达到研究预设目标,再如,Lee 等在其研究中关注的是消费者在购物过程中的情感状态,他们认为情感应该包括喜欢、愉悦、惊喜、生气、伤感、害怕。为了更有效地检测和表达游客在书法景观场所的情感,本章节在情感指标选取上进行了筛选和简化,最终选取开心—伤感、惊

喜—平静、愉悦—生气、喜欢—厌恶4对作为情感类型,并采用语义差异的形式将李克特量表中1～5分全部赋予上述情感类型(表4-3)。

表4-3 书法景观场所游客情感测量量表

① 很开心　② 开心　③ 无法判断 ④ 伤感　⑤ 很伤感	① 很愉悦　② 愉悦　③ 无法判断 ④ 生气　⑤ 很生气
① 很惊叹　② 惊叹　③ 无法判断 ④ 平静　⑤ 很平静	① 很喜欢　② 喜欢　③ 无法判断 ④ 厌恶　⑤ 很厌恶

忠诚度的早期研究出现在经济学领域,多研究消费者对品牌的忠诚程度。20世纪末,美国经济学家狄克和巴苏在研究消费者对有关企业的态度以及消费者的购买行为时构建了消费者忠诚度层次框架。两位学者一致认为忠诚度由消费者对产品或服务的重新购买行为以及相对态度两部分所组成,缺一不可(Dick & Basu,1994)。产品和服务的真正忠诚者必然是重新购买率高且与其他同类产品或服务相比,更喜欢此类产品或服务的消费者(韩小芸、汪纯孝,2003)。在众多的忠诚度的概念中,为国内外许多学者认同的当属奥利弗提出的定义。他的主要观点是具有长期购买自己偏爱的产品或服务的强烈意愿,以及存在实际的重复购买行为的消费者才能称之为产品或服务的忠诚者,并且真正的忠诚者不会或较少受到外部环境或同类产品、服务提供者的影响而改变"初衷"。奥利弗进一步指出,按消费者忠诚度形成过程,其可以划分为认知性忠诚感、情感性忠诚感、意向性忠诚感和行为性忠诚感(Oliver,1999)。随后,还有学者简化了这一划分方法,提出了消费者忠诚度的三分法:态度忠诚、行为忠诚和复合忠诚(Bowen & Chen,2001;Zins,2001)。严格意义上讲,个体的行为忠诚(如购买忠诚)主要指重购行为,并且该行为以消费者的重新购买历史为依据,这里所强调的重点是消费者的过去行为。此外,该概念并不包含其他忠诚的行为,如价格容忍、口碑甚至投诉行为(Zins,2001;Dimitriades,2006)。然而,单单专注于忠诚的行为特征可能会高估个体真正的忠诚度,而态度忠诚的观点能够为理解忠诚行为提供进一步的补充(Zins,2001)。此处所说的态度忠诚,其本质就是一种态度的建构,是指消费者对某项产品或服务倾向于赞成的程度。这种倾向反映在一些活动中,比如消费者向其他人群推荐该产品或服务提供者,或者他们承诺会重

新购买。随后，基于对产品或服务的态度忠诚，消费者往往可能会产生一种所谓的"偏好忠诚"（Ruyter，Wetzels & Josée，1998）。最终，复合忠诚度是结合了态度忠诚和行为忠诚两种类型的产物，并且由于它在定义忠诚度的时候兼顾了态度和行为两个方面，所以有助于提高忠诚的预测能力，同时被认为是情感忠诚的替代性选择（Pritchard & Howard，1997）。借鉴上述研究成果，本研究认为忠诚度是游客对目的地的态度、向其他游客推荐该目的地以及表现出重游的行为意愿。

上述忠诚度的相关研究在一定程度上反映了态度承诺概念具有区分真假忠诚度的功能（Bloemer & Kasper，1995；Dimitriades，2006；Fullerton & Gordon，2005）。已有的研究将消费者的承诺概念化为具有不同因变量、不同内容和不同结果的两种类型，即情感性承诺和算计性承诺（Zins，2001）。算计性承诺是消费者被强迫违背自身意愿做出的再次忠诚于某种产品或服务的承诺（Ruyter，Wetzels & Josée，1998），该类型的承诺主要是消费者担心因改变承诺对象会造成经济的和社会的损失而做出的承诺（Fullerton & Gordon，2005）。与之对应的情感性承诺则反映了消费者对产品或服务的归属感、涉入感，这种类型的承诺类似于情感联系（Rhoades，Eisenberger & Armeli，2001；Fullerton & Gordon，2005）。因此，依据承诺对忠诚度的影响要远远大于对满意度的影响，本研究中的游客承诺的测量主要偏向于使用它的情感方面的内容（Johnson，2001）。

4.3　研究结果

4.3.1　探索性因子分析

厦门书法广场数据的 EFA 结果表明，克朗巴哈系数在 0.734～0.852（＞0.60），"总体-相关"系数的取值范围为 0.482～0.669（＞0.30），说明数据的整体信度符合 EFA 的要求。巴氏球形卡方检验近似值及 KMO 分别为 2930.13（$p<0.05$）和 0.905（≥0.60），两者都对相关矩阵不是单元矩阵的假设给出了拒绝结果，说明数据的结构适合进行 EFA（表 4-4）。由于"ES_8"的载

荷绝对值并没有在任何一个公因子上≥0.50,因此应该删除。删除后的各因子载荷值均＞0.50,并且大部分测量语义项因子载荷均有所提高(表 4 - 5)。镇江焦山碑林数据的 EFA 结果表明,克朗巴哈系数在 0.747～0.850 (＞0.60),"总体-相关"系数的取值范围为 0.377～0.764(＞0.30),说明数据的整体信度符合 EFA 的要求。巴氏球形卡方检验近似值及 KMO 分别为 2719.13($p<0.05$)和 0.918(≥0.6),两者都对相关矩阵不是单元矩阵的假设给出了拒绝结果,说明数据的结构适合进行 EFA(表 4 - 6)。由于"ES_6"的载荷绝对值并没有在任何一个公因子上≥0.50,因此应该删除。删除后的各因子载荷值均＞0.50,且大部分测量语义项因子载荷有所提高(表 4 - 6)。

　　最终确定三个公因子:第一个主要涉及对厦门书法广场整体文化氛围、自然环境等的感知,按照相关研究定义为氛围维度;第二个是与厦门书法广场的内部设施布局、整体方位等有关的感知,定义为空间布局维度;第三个是与厦门书法广场参观过程中的社会交际相关的感知,主要指陪同人员、与本地人员等的交流感知,定义为交流环境。同样地,焦山碑林的环境刺激感知也可以用上述三种因子类型进行描述,但是其删除因子为"ES_6"。两者之间的差别也在一定程度上反映了两种类型目的地的差异,厦门书法广场由于是开放性的休闲场所,因此测量语义项"感觉到很拥挤"并没有符合主成分分析对因子载荷的要求。类似地,焦山碑林一方面由于是元旦假期且其本身的空间狭小,确实给了游客一种拥挤感;另一方面,"这里休息设施很多"未能分到任何一个公因子中也与实际情况相符。

表 4 - 4　厦门书法广场环境刺激的游客感知 EFA 结果

题项	氛围	空间与布局	交管环境	均值	方差	总体相关系数
ES_3	0.772(0.745)			4.367	0.566	0.574
ES_2	0.679(0.671)			4.102	0.840	0.525
ES_1	0.688(0.616)			4.368	0.662	0.532
ES_7	0.641(0.607)			4.158	0.660	0.482
ES_{14}		0.800(0.802)		3.744	0.803	0.715

续　表

题项	氛围	空间与布局	交管环境	均值	方差	总体相关系数
ES$_{13}$		0.752(0.741)		3.830	0.832	0.667
ES$_{12}$		0.699(0.706)		3.793	0.746	0.632
ES$_{4}$		0.662(0.681)		3.862	0.690	0.610
ES$_{5}$		0.668(0.675)		3.941	0.913	0.628
ES$_{6}$		0.599(0.609)		3.969	0.747	0.570
ES$_{8}$	(0.212)	(−0.328)	(0.276)	2.774	1.315	—
ES$_{10}$			0.830(0.822)	4.003	0.653	0.570
ES$_{9}$			0.800(0.798)	4.110	0.775	0.669
ES$_{11}$			0.635(0.615)	3.771	0.786	0.544
特征值	5.490	1.218	1.132			
方差贡献率(%)	42.230	9.372	8.708			
Cronbach'α	0.734	0.852	0.761			

巴氏球形检验卡方近似值:2930.13($p<0.05$);KMO:0.905>0.6

对比不同纬度整体均值可以发现,无论是现代型的厦门书法广场还是传统的焦山碑林,游客的氛围感知是最主要的感知内容,而感知均值最小的均为空间布局,一方面说明作为一种消费场所,游客相对来说对具有直接印象的氛围或者说视觉刺激的感知最为明显(图4-2和图4-4)。而对于氛围维度,两地的游客感知均值几乎均是厦门书法广场的大于焦山碑林的,这也在一定程度上表明了两处书法景观所处环境的差距,也可能是受到自然环境感知不同的影响,毕竟厦门在此方面具有客观优势。测量语义项"自然环境优美"的均值也说明了这一点。空间布局上则是焦山碑林的可感知均值更大一些,其中作为休闲开放场所的厦门书法广场在标识、解说及设施便利程度等方面也肯定不如作为收费景区的焦山碑林,然而视野开阔相关选项也出现此情况,可能与厦门书法广场调研期间部分海边书法景观被围起施工有关,也从另一个方面说明了环境刺激的游客感知除了受到自然环境客观的影响,同时会受到个体主观感觉,尤其是视觉的影响。

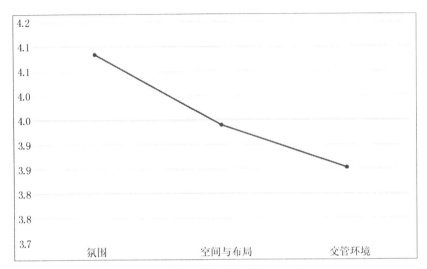

图 4 - 2　环境刺激游客感知维度均值(厦门)

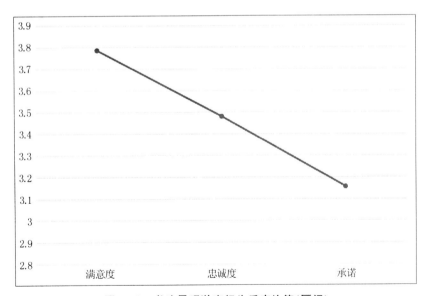

图 4 - 3　书法景观游客行为反应均值(厦门)

表 4-5 厦门书法广场书法景观游客行为反应的 EFA 结果

题项	满意度	忠诚度	承诺	均值	方差	总体相关系数
AS_3	0.829			3.713	0.834	0.806
AS_{11}	0.829			3.817	0.844	0.840
AS_4	0.815			3.795	0.844	0.836
AS_2	0.764			3.674	0.798	0.793
AS_1	0.712			3.935	0.697	0.645
AS_{13}		0.805		3.579	1.071	0.826
AS_5		0.791		3.548	0.939	0.783
AS_{12}		0.784		3.537	1.031	0.808
AS_{10}		0.73		3.261	1.156	0.751
AS_8			0.805	3.149	1.172	0.843
AS_6			0.800	2.997	1.190	0.709
AS_9			0.785	3.177	1.149	0.804
AS_7			0.734	3.221	1.148	0.783
AS_{14}			0.601	3.243	1.154	0.709
特征值	8.232	0.953	1.427			
方差贡献率(%)	58.800	6.807	10.194			
Cronbach' α	0.909	0.908	0.916			

巴氏球形检验卡方近似值:6657.429($p<0.05$);KMO:0.939>0.6

表 4-6 镇江焦山碑林环境刺激的游客感知 EFA 结果

题项	氛围	空间与布局	交管环境	均值	方差	总体相关系数
ES_2	0.757(0.752)			4.004	0.930	0.616
ES_3	0.757(0.752)			4.297	0.722	0.583
ES_1	0.697(0.683)			4.171	0.729	0.559
ES_7	0.563(0.575)			3.864	0.915	0.540
ES_6	(0.480)	(0.389)	(0.170)	3.903	0.935	—
ES_{13}		0.744(0.784)		3.899	0.884	0.764

续　表

题项	氛围	空间与布局	交管环境	均值	方差	总体相关系数
ES_5		0.744(0.742)		3.971	0.950	0.654
ES_{12}		0.685(0.685)		3.823	0.882	0.660
ES_4		0.617(0.605)		4.130	0.841	0.578
ES_{14}		0.599(0.598)		3.876	0.782	0.645
ES_9			0.732(0.77)	4.105	0.805	0.656
ES_{10}			0.626(0.722)	3.984	0.888	0.621
ES_8			0.647(0.639)	3.274	1.402	0.377
ES_{11}			0.647(0.628)	4.049	0.708	0.583
特征值	5.864	1.285	1.005			
方差贡献率(%)	45.110	9.886	7.729			
Cronbach'α	0.771	0.850	0.747			

巴氏球形检验卡方近似值:2719.13($p<0.05$);KMO:0.918$>$0.6

　　从趋向反应来讲,镇江焦山碑林书法景观的游客感知均值无论在满意度($M_{厦门}=3.787$,$M_{镇江}=3.869$)、忠诚度($M_{厦门}=3.481$,$M_{镇江}=3.728$)还是承诺($M_{厦门}=3.157$,$M_{镇江}=3.468$)上均略高于厦门书法广场(图 4-3 和图 4-5)。通过两地书法景观的原真性来探究这一结果的原因:首先,就书法景观的历史性判断,焦山碑林虽然在书法展示类型和形式上不及厦门书法广场,但其历史悠久毋庸置疑(见地方感维度中的历史悠久问题项 $M_{厦门}=3.632<$ $M_{镇江}=4.293$);其次,根据众多学者所持的观点——游客情感与游客满意度等行为反应之间关系密切,可以从两地游客情感反应的均值来进一步解释上述结果,游客在镇江焦山碑林形成的情感反应($M_{ER1}=2.060$,$M_{ER2}=2.594$, $M_{ER3}=2.012$,$M_{ER4}=1.885$)均值要低于①厦门书法广场游客的情感反应($M_{ER1}=2.098$,$M_{ER2}=2.8334$,$M_{ER3}=2.056$,$M_{ER4}=1.915$),因此也可能是强烈的情感反应导致了此结果。

----

　　① 情感反应在问卷设计时将最积极的情感赋值为 1,最消极的情感赋值为 5,因此情感反应均值越小说明越积极。

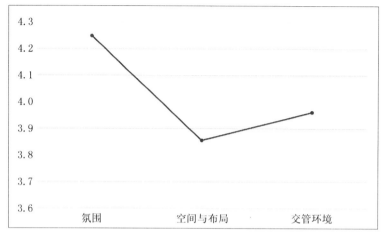

图 4-4 环境刺激游客感知维度均值(镇江)

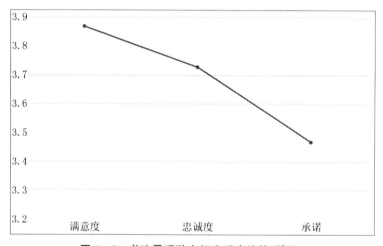

图 4-5 书法景观游客行为反应均值(镇江)

表 4-7 镇江焦山碑林书法景观游客行为反应的 EFA 结果

题项	满意度	忠诚度	承诺	均值	方差	总体相关系数
AS$_3$	0.850			3.823	0.898	0.808
AS$_2$	0.819			3.777	0.892	0.805
AS$_4$	0.798			3.866	0.910	0.820
AS$_1$	0.775			4.089	0.812	0.683
AS$_{11}$	0.645			3.792	1.095	0.717
AS$_{13}$		0.753		3.784	1.125	0.833

续　表

题项	满意度	忠诚度	承诺	均值	方差	总体相关系数
AS_{14}		0.737		3.689	1.380	0.715
AS_{10}		0.729		3.602	1.199	0.771
AS_{12}		0.709		3.781	1.101	0.806
AS_5		0.673		3.784	0.947	0.759
AS_6			0.815	3.361	1.310	0.718
AS_8			0.759	3.513	1.131	0.794
AS_7			0.735	3.551	1.054	0.813
AS_9			0.677	3.445	1.198	0.756
特征值	8.376	1.487	0.666			
方差贡献率(%)	59.826	10.623	4.759			
Cronbach' α	0.907	0.911	0.896			

巴氏球形检验卡方近似值:5366.14($p<0.05$);KMO:0.948>0.6

4.3.2　模型测量

SEM 具体利用 AMOS 18.0 进行两步法检验模型适配度。首先,采用 CFA 检验潜在结构变量是否适合做 SEM,厦门(镇江)数据结果表明:SFL 取值在 0.437~0.976(0.367~0.877);潜在结构变量 CR 取值在 0.782~0.918(0.858~0.897)(>0.5),反映量表内部具有一定的异质性;AVE 取值在 0.484~0.716(0.566~0.733),表明模型中的测量变量的平均解释能力一般(表 4 - 8 和表 4 - 9)。各类判定指标基本满足要求,说明假设结构方程模型具有一定的稳定性,可以进行模型测量检验。其次,采用绝对适配指数、相对适配指数和过度适配指数进行结构方程模型初检验。其中,χ^2/d_f 数值门槛为 2~5(Zhang, et al., 2012)。研究发现,厦门初始测量模型有 2 项绝对适配指数($\chi^2/d_f=3.477$;$RMSEA=0.065$)、2 项相对适配指数($IFI=0.906$;$CFI=0.905$)及全部过度适配指数($PGFI=0.738>0.5$;$PNFI=0.796>0.5$;$PCFI=0.826>0.5$)符合标准(表 4 - 10 和表 4 - 11),可以进一步修正模型。镇江初始测量模型有 1 项绝对适配指数($\chi^2/d_f=1.761$;$RMSEA=0.077$)和全部过度适配指数($PGFI=0.710>0.5$;$PNFI=0.768>0.5$;$PCFI=$

0.794>0.5)符合标准(表 4 - 10 和表 4 - 11),两个测量模型(图 4 - 6 和图 4 - 7)需进行模型修正。

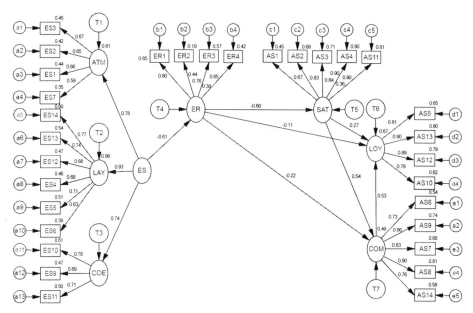

图 4 - 6　厦门书法广场游客感知的 SEAR 模型测量

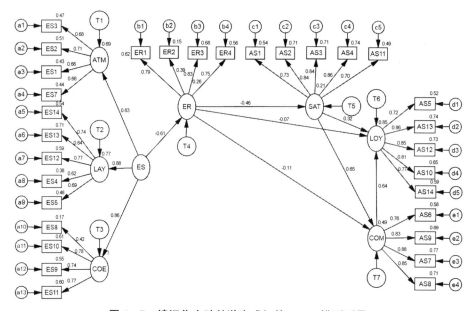

图 4 - 7　镇江焦山碑林游客感知的 SEAR 模型测量

表 4-8 厦门书法广场环境刺激的游客感知的 CFA 结果

	ES			ER				LOY			
	ATM	LAY	COE	ER₁	ER₂	ER₃	ER₄	AS₅	AS₁₀	AS₁₂	AS₁₃
SFL	0.734	0.976	0.723	0.803	0.437	0.803	0.675	0.789	0.808	0.887	0.896
AVE		0.671			0.484				0.716		
CR		0.857			0.782				0.910		

	SAT					COM				
	AS₁	AS₂	AS₃	AS₄	AS₁₁	AS₆	AS₇	AS₈	AS₉	AS₁₄
SFL	0.684	0.838	0.845	0.890	0.887	0.735	0.828	0.900	0.828	0.764
AVE		0.693					0.661			
CR		0.918					0.907			

表 4-9 镇江焦山碑林环境刺激的游客感知的 CFA 结果

	ES			ER				COM			
	ATM	LAY	COE	ER₁	ER₂	ER₃	ER₄	AS₆	AS₇	AS₈	AS₉
SFL	0.845	0.865	0.859	0.787	0.367	0.843	0.762	0.764	0.877	0.846	0.826
AVE		0.733			0.603				0.688		
CR		0.892			0.858				0.898		

	SAT					LOY				
	AS₁	AS₂	AS₃	AS₄	AS₁₁	AS₅	AS₁₀	AS₁₂	AS₁₃	AS₁₄
SFL	0.745	0.840	0.840	0.855	0.708	0.809	0.737	0.826	0.835	0.772
AVE		0.566					0.635			
CR		0.860					0.897			

4.3.3 模型修正

厦门和镇江书法景观结构方程模型修正均以理论基础和 Modification Indices 为指导,其中,厦门书法广场测量模型释放潜变量"a6(这里的各类设施很容易找到)"与"a9(这里的文字解说很有用)"、"d1(我愿意再来这里参观书法石刻)"与"d4(我再参观书法石刻会先考虑这里)"的相关关系,镇江焦山碑林修正模型释放潜变量"a6(这里的各类设施很容易找到)"与"a7(这里服务信息获取很方便)"、"a8(这里所在的位置很容易找到)"与"a9(这里的文字解说很有用)"、"d2(我会对别人称赞这里的书法石刻)"与"d3(我会推荐别人参

观这里的书法石刻)"及"c5(这里的书法石刻满足我的审美要求)"分别与"c2
(这里的书法石刻美感超过我的预期)"、"c3(参观这里的书法石刻让我很享
受)"的相关关系。修正后模型与假设模型相比,虽仍有个别指数未满足要
求,但拟合指数具有较大增加幅度(表4-10和表4-11)。

表4-10 厦门书法广场测量模型修正前后拟合指数对比表

拟合指数	绝对适配指数				相对适配指数				过度适配指数		
	χ^2/d_f	GFI	AGFI	RMSEA	IFI	TLI	CFI	NFI	PGFI	PNFI	PCFI
初始模型	3.477	0.863	0.84	0.065	0.906	0.896	0.905	0.872	0.738	0.796	0.826
修正模型	3.251	0.874	0.852	0.062	0.915	0.906	0.914	0.881	0.744	0.8	0.83
标 准	2~5	>0.9	>0.9	<0.08	>0.9	>0.9	>0.9	>0.9	>0.5	>0.5	>0.5

表4-11 镇江焦山碑林测量模型修改前后拟合指数对比表

拟合指数	绝对适配指数				相对适配指数				过度适配指数		
	χ^2/d_f	GFI	AGFI	RMSEA	IFI	TLI	CFI	NFI	PGFI	PNFI	PCFI
初始模型	3.842	0.815	0.784	0.077	0.872	0.859	0.871	0.834	0.697	0.760	0.794
修正模型	3.423	0.843	0.813	0.071	0.892	0.879	0.892	0.854	0.710	0.768	0.801
标 准	2~5	>0.9	>0.9	<0.08	>0.9	>0.9	>0.9	>0.9	>0.5	>0.5	>0.5

如图4-8、图4-9和表4-12所示,书法景观游客感知的SEAR路径中
具有*标记的路径系数(λ)表示假设关系在95%的置信区内成立。研究发
现:① 无论是哪种书法景观场所,环境刺激的游客感知与情感反应之间具有
显著的相关关系($\lambda_{厦门}=-0.624$,$p<0.001$;$\lambda_{镇江}=-0.508$,$p<0.001$)。
② 游客书法景观情感反应均与其趋向反应之间具有部分相关关系,其中焦山
碑林游客情感反应并未对忠诚度产生积极的显著影响($\lambda_{镇江}=-0.048$,$p>
0.05$),而厦门书法广场游客情感反应也只是在一定水平上对忠诚度具有一定
程度的显著影响($\lambda_{厦门}=-0.110$,$0.01<p<0.05$)。③ 两个案例地书法景观
游客感知的趋向反应内部维度之间具有显著的影响,其中满意度均能够对承
诺($\lambda_{厦门}=0.539$,$p<0.001$;$\lambda_{镇江}=0.660$,$p<0.001$)和忠诚度产生积极的正向
影响($\lambda_{厦门}=0.277$,$p<0.001$;$\lambda_{镇江}=0.363$,$p<0.001$),且游客承诺也均对忠
诚度产生了积极的正向影响($\lambda_{厦门}=0.521$,$p<0.001$;$\lambda_{镇江}=0.620$,$p<
0.001$)。④ 游客感知的场所氛围(ATM)、空间布局(LAY)和交流环境

(COE)均强有力地揭示了环境刺激(ES),解释力最强的当属空间布局的游客感知($L_{厦门}=0.93$;$L_{镇江}=0.91$),氛围($L_{厦门}=0.78$;$L_{镇江}=0.84$)和交流环境($L_{厦门}=0.73$;$L_{镇江}=0.85$)感知相差不大,可以看出镇江焦山碑林游客感知的氛围和交流环境对环境刺激感知的贡献均大于厦门的。

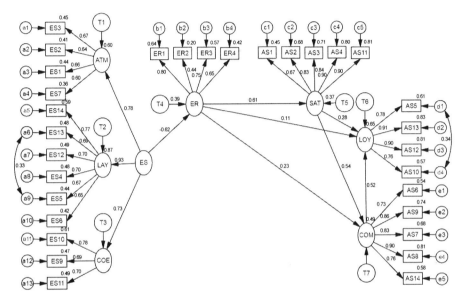

图 4 - 8　厦门书法广场游客感知的 SEAR 修正模型

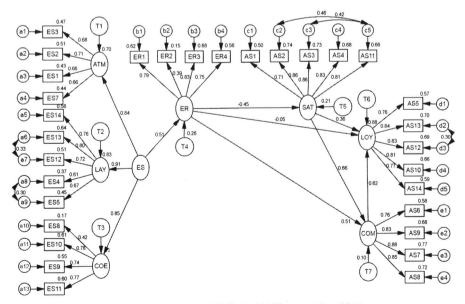

图 4 - 9　镇江焦山碑林游客感知的 SEAR 修正模型

表 4 - 12   游客感知的 SEAR 模型假设模型路径系数及显著性统计表

| 案例地 | H_1 | H_2 | | | H_3 | H_4 | H_5 |
		H_{2-1}	H_{2-2}	H_{2-3}			
厦门书法广场	-0.624^{***}	-0.607^{***}	-0.225^{***}	-0.110^{*}	0.539^{***}	0.277^{***}	0.521^{***}
镇江焦山碑林	-0.508^{***}	-0.453^{***}	-0.105^{**}	-0.048	0.660^{***}	0.363^{***}	0.620^{***}

注释：* (**)表示假设关系在 0.05(0.01)水平显著；*** 表示假设关系在 0.001 水平显著。

4.3.4 书法景观场所环境特征的游客感知差异探讨

（1）基于个体属性的差异性分析

利用非参数检验分析游客书法属性及人口社会统计属性中的性别、年龄、职业、月收入和教育程度对游客感知的 SEAR 各维度的影响，同时探索不同客源地对上述影响的地域性作用。书法属性中的练习、爱好及性别采用 Mann-Whitney U 检验，而年参观书法展览次数、年龄、职业、受教育程度、月收入则利用 Kruskal-Wallis H 检验，结果表明书法景观场所环境刺激游客感知受到部分书法属性、人口统计属性中因素的影响而表现出一定的差异性。其中，氛围感知主要在年龄（镇江显著）、职业（镇江显著）和月收入（厦门显著）上有显著性差异；空间与布局的差异仅表现在年龄（厦门显著）和受教育程度（镇江显著）上；交流管理环境仅受到年龄（厦门显著）的显著性影响。由此，同样可看出两种不同类型书法景观场所游客主观感知之间的地域差异（表 4 - 13）。

表 4 - 13   书法景观场所环境刺激游客感知的差异性

	统计指数	组别	氛围	空间与布局	交流管理环境
厦门	Z	书法练习史	-0.023	-1.268	-1.187
	Monte Carlo 显著性		0.982	0.205	0.235
镇江	Z		-0.553	-0.653	-0.639
	Monte Carlo 显著性		0.580	0.514	0.523
厦门	Z	书法爱好	-1.045	-0.672	-0.734
	Monte Carlo 显著性		0.296	0.501	0.463
镇江	Z		-1.396	-1.566	-1.266
	Monte Carlo 显著性		0.163	0.117	0.206
厦门	Z	性别	-0.244	-0.926	-1.032
	Monte Carlo 显著性		0.807	0.355	0.302
镇江	Z		-0.179	-1.467	-0.463
	Monte Carlo 显著性		0.858	0.142	0.643

续　表

	统计指数	组别	氛围	空间与布局	交流管理环境
厦门	卡方	年龄	3.201	9.905	10.393
	Monte Carlo 显著性		0.525	0.042*	0.034*
镇江	卡方		18.078	1.343	4.425
	Monte Carlo 显著性		0.001***	0.854	0.351
厦门	卡方	职业	8.095	15.118	7.370
	Monte Carlo 显著性		0.620	0.128	0.690
镇江	卡方		21.186	5.705	7.707
	Monte Carlo 显著性		0.020*	0.839	0.657
厦门	卡方	受教育程度	4.486	5.297	2.074
	Monte Carlo 显著性		0.344	0.258	0.722
镇江	卡方		5.892	10.230	5.841
	Monte Carlo 显著性		0.207	0.037*	0.211
厦门	卡方	月收入	11.376	8.238	1.640
	Monte Carlo 显著性		0.023*	0.083	0.802
镇江	卡方		11.838	1.486	1.419
	Monte Carlo 显著性		0.019*	0.829	0.841
厦门	卡方	年参展次数	1.107	1.227	7.783
	Monte Carlo 显著性		0.893	0.874	0.100
镇江	卡方		5.244	3.900	1.700
	Monte Carlo 显著性		0.263	0.420	0.791

注释：＊（＊＊）表示一致性检验在 0.05(0.01)水平(双侧检验)上显著。

（2）基于空间属性的差异性分析

由于文化旅游目的地与不同客源地惯常环境及曾经经历的旅游环境之间存在一定的异同，游客通过这种异同来给环境刺激特征感知赋值，因此，在某种程度上可以理解不同客源地的游客对目的地的环境刺激感知在空间上表现出一定的规律性。本研究借助 ArcGIS 9.3 软件对游客环境刺激感知均值进行省域尺度的空间插值分析。

① 核密度分析

利用各个省、自治区、直辖市游客的环境刺激感知均值进行核密度分析。结果表明(图 4 - 10a 和图 4 - 10b)：第一，对于厦门书法广场的游客，高密度区大致可以分为两种类型，即邻近型和离散型。邻近型是厦门周边省份、具有相同或相似沿海风光的省份呈现出"高地区"，主要分布在广东、海南、江西、浙江、江苏等近海省份；离散型主要有三大区域——东北、中原地区及西南云贵高原至兰州银川一带，该类型区域几乎均为内陆省份，属于惯常环境与目的

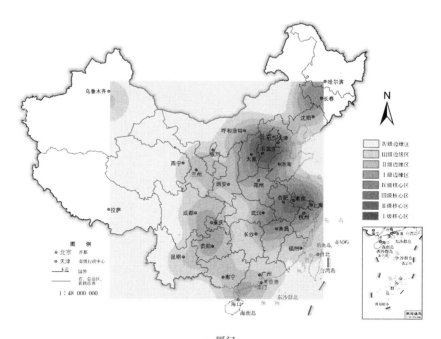

a. 厦门

审图号:GS(2019)1823 号　自然资源部监制

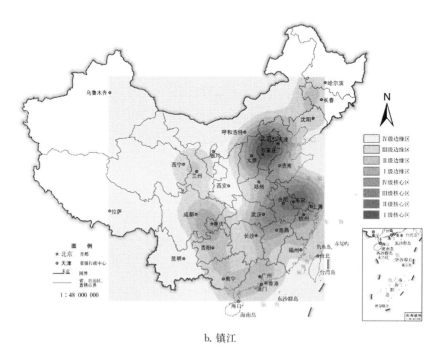

b. 镇江

图 4 - 10　书法景观场所环境刺激游客感知的核密度对比图

审图号:GS(2019)1823 号　自然资源部监制

地差异较大的区域。第二,对于镇江焦山碑林的游客感知空间分布特征,虽然其各级核心区域在形态上与厦门相同,均呈现"哑铃状",但地域上相对厦门来讲较为集中。

②　空间插值

空间插值有多种方法,本研究采用的是反距离权重(IDW)插值分析。具体通过 ArcGIS 中的 Spatial Analysis Tools 模块的 Interpolation 菜单中的 IDW(Inverse Distance Weight)工具。从厦门和镇江案例的空间分布状态评估结果(图 4 - 11a 和图 4 - 11b)不难发现:第一,厦门的Ⅰ级核心区比较分散,零星地分散在与厦门有一定距离的湖北、贵州、河南,甚至是距离较远的东北南部、华北北部、西北部分省份,且Ⅱ级核心区地域范围几乎覆盖整个东中部地区;第二,镇江的Ⅰ级、Ⅱ级核心区相对比较集中,主要在北京、河北、山东及江苏的京沪带状区,并在两湖东部也有出现;第三,两案例地中广东省及其与邻近省份的交界地带几乎全部处于Ⅲ级核心区至Ⅳ级边缘区,一定程度上说明东南沿海较东部沿海和中部地区对书法景观所在地的环境刺激感知较弱。

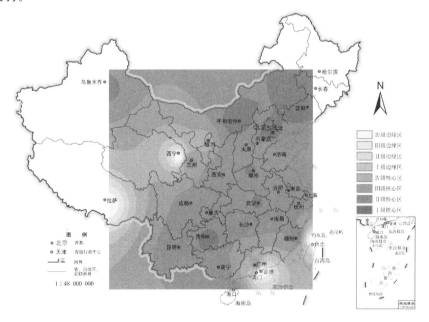

a. 厦门

审图号:GS(2019)1823 号　　自然资源部监制

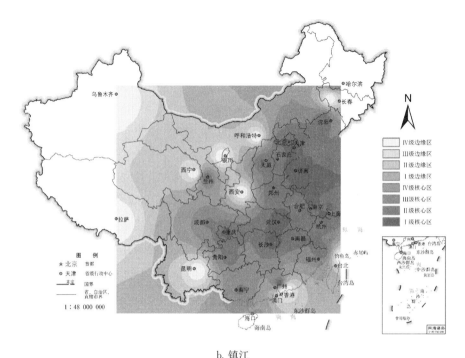

b. 镇江

图 4‐11 书法景观场所环境刺激游客感知的 IDW 分析对比图
审图号：GS(2019)1823 号   自然资源部监制

4.4 本章小结

作为具有典型中国传统特色文化的代表，书法文化及其景观带给人们的视觉刺激在一定程度上造就了一个具有特殊文化氛围的场所，这种场所同时也是个体消费书法景观或书法文化的消费场所。

（1）书法景观既是文化符号又是消费对象

旅游产品所构建的景区是一个消费场所，因此具有消费场所氛围所具有的特征，即消费环境对情感的产生、趋向反应具有显著的刺激作用。作为一种文化符号的关键标志，书法景观形成的场所又是一个兼具审美和交流的场所。因此在某种程度上讲，书法景观所具有的审美属性在很大程度上也刺激了游客情感、行为等一系列反应的产生。从环境美学的景观与环境关系思想可知，无论是自然环境还是社会环境，都会给书法景观的感知及心理评价带

来一定的影响。两个案例地一个为封闭式传统书法景观景区,一个是开放式
现代书法景观场所,结果表明无论是哪种书法景观场所类型,均满足环境刺
激反应的作用效果(表 4 - 12),也间接说明了书法景观在很大程度上是被作
为旅游消费对象而存在的,与消费场所 SEAR 模型的显著性相同。同时,游
客在对书法景观进行体验时,其所受的环境刺激不仅包括氛围的感知(如"这
里看上去很干净")、空间设施及布局(如"这里各类设施很容易找到""这里空
间布局很合理")等有形刺激,还应包括游客在接受服务的过程中,服务人员
或接触到的当地人的态度、友好程度等有形无形的交流和管理环境的软性刺
激,这些刺激同样会使游客产生愉快或不愉快的情绪,进而会对游客的"趋
近—逃避"行为反应产生影响。

(2) 不同类型的书法景观营造出不同的环境刺激感知

不同的场所设计、空间布局带来的游客感知是有差异的,且作为景区的
镇江焦山碑林,其空间布局自然不同于作为开放式休闲场所的厦门书法广
场。此外,参观焦山碑林的游客交流环境感知大于厦门书法广场游客的,与
前者游客的目的性较强不无关系,毕竟传统碑林主要是依托其文化资源的优
势吸引游客,而书法广场则依托其独特的沿海自然风光。另外,虽然两个案
例地书法景观场所类型不同,但是环境刺激的游客感知对情感、趋向反应的
作用效果是一致的,一定程度上证明了 Lee 等关于不同的环境刺激会产生不
同情感反应和行为反应的结论(Lee & Kyle, 2011)。

通过结构方程对假设关系的验证结果,可以发现两类书法景观场所环境
刺激的游客感知既存在一致性,又有一定的差异性。就一致性而言,环境刺
激的主观感知均对情感反应具有显著的影响,且情感反应对游客的趋向反应
也均具有积极的正向作用。就差异性来讲,主要体现在部分假设关系上,镇
江焦山碑林的情感反应并未对行为承诺产生显著影响。

(3) 不同属性的游客感知到不同的环境刺激

非参数检验结果发现,两个案例地的环境刺激游客主观感知均未受到书
法属性影响而表现出显著性差异,仅在部分人口统计学属性上具有显著性差
异。从场所的角度理解,个体并没有因为它们是以书法景观为主题的休闲游
憩场所而受到既有书法属性的影响,说明在游客眼中并未将这种特殊文化景

观形成的场所与其他旅游场所区别开来。也可理解为旅游景区的消费场所特征,是对一些学者研究结论的内容扩展。

(4)游客环境刺激感知在空间上表现出一定的规律性

从核密度分析上看,无论在哪种类型的书法景观场所中,游客对环境刺激的感知核心区均存在一种"哑铃状"的空间分布形态,且在一定的空间范围内、一定的方向上具有距离衰减规律。除此之外,Ⅰ、Ⅱ级核心区主要以长三角和京津冀为主,且形状走向基本一致,两两呈现西南、东北走向与西北、东南走向。

从IDW分析结果看,厦门书法广场环境刺激的游客感知Ⅰ、Ⅱ级核心区占据了中国人口密度最为密集的东中部地区,且Ⅱ级核心区地域甚广,相比之下,镇江的游客感知则集中在京沪沿线、沪渝高速(G50)沿线地带,且整体呈现出距离衰减规律。该结果一定程度上说明厦门书法广场客源地对交通的依赖弱于镇江,可能也与厦门作为国内著名旅游目的地有关。

第5章 书法景观游客审美评价与环境刺激感知的关系

5.1 研究假设

    环境的视觉和审美特征正在逐渐被城市规划师、景观建筑师、休闲资源管理者、林业专家、土木工程师、地理学家和社会科学者关注,以期探索人类对于景观的视觉审美,并认识到环境审美通过影响人类的情感、满意度来影响幸福指数。Ulrich 的景观审美评价模型将影响自然环境信息性能的视觉审美概括为五项内容:复杂性、位置、地面纹理、深度和神秘性(Ulrich,1983)。Appleton 指出特定景观的审美偏好是为了更好地适应自然选择,其根本在于让我们的祖先能够立足于特定的环境,如荒原等(Appleton,1975),也可以理解为原始的景观审美评价取决于食物和安全的可获得性。Balling 等在研究景观的视觉特征时认为景观的表型(phenotype)是基因型(genotype)与环境相互作用的表述(Balling & Falk,1982)。就目前的研究实证来看,表型主要涉及被观测的景观审美评价,基因型主要涉及先天的固有审美(主要指观察者已形成的个体审美)和环境体验。不同的环境体验会使得相同的基因型的审美表现出不同的表型审美(Balling & Falk,1982)。换言之,可见的景观形态、结构、布局等表型审美都是受到环境影响的。

    H$_6$:环境刺激游客感知对景观审美评价具有显著的正向影响

    景观审美评价影响到地方依恋的形成,而地方依恋中很重要的一项内容就是满意、认同;地方依恋也会在一定程度上对景观审美评价产生影响,如个体对自己熟悉的环境会有地方依恋,从而产生对类似景观的"眼熟"感觉,进而产生相对于其他景观更高的喜好程度。同时,景观审美评价会促进旅游目的地意象的产生,如 Mackay 等在研究视觉对于目的地意象形成的促进作用时发现"景观评价时用到的以知觉为基础的意象观测变量可以认为是最有力的环境审美偏好预测因素",同时指出旅游目的地意象涉及个体的情感印象,如高兴、开心、沮丧等(Mackay & Fesenmaier,1997)。这也间接证明了景观审美评价对情感具有积极的影响作用。

Amedeo 等认为场所和空间像人的身体一样可以引起情感的响应,这种场所或空间既包括作为游客体验的自然景观,也包括我们置身其中的日常环境(Amedeo & York,1984)。Ulrich 也认为特定环境的视觉感知发生时,情感的成分就首先被唤起了,且情感的回应包括广泛的层次,如不喜欢、感兴趣或缺乏兴趣,与审美偏好有显著关联,与信息处理没有本质联系(Ulrich,1983)。此外,情感在环境刺激和行为反应之间具有一定的调节作用,个体的情感响应能够激发或者促进适应性行为、功能的发生(Lee,2014;Lee & Kyle,2011),这种适应性的行为包括:需求或探索、靠近或躲避、专注或误导、专注或浏览等(Gao,Barbieri & Valdivia,2014)。具体假设关系及概念模型(图 5-1)如下:

H$_7$:游客景观审美评价对其情感具有显著的正向影响

H$_8$:游客景观审美评价对其趋向反应具有显著的正向影响

H$_{8-1}$:游客景观审美评价对其满意度具有显著的正向影响

H$_{8-2}$:游客景观审美评价对其行为承诺具有显著的正向影响

H$_{8-3}$:游客景观审美评价对其行为忠诚具有显著的正向影响

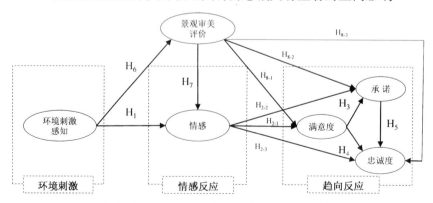

图 5-1　游客感知的 CLA 对 SEAR 影响的概念模型

5.2　测量指标选取与设计

书法景观审美评价的相关测量语义项主要参考相关论述,包括"是否喜欢""美丑判断""有无印象""是否有趣味性""是否有文化氛围"相关测量语义项。其中,Mackay 等通过图片诱导(photo-elicitation)方法对不同景观进行主观评价和审美判断,其中包括问被试者哪种景观最美、最讨人喜欢、最有乐趣及最吸引人(Mackay & Fesenmaier,1997)。同样的,van den Berg 等在比较个体对自然环境和人造环境的审美评价差异时设计了询问"你对该环境有多喜欢"等语义项来判断个体的预判断,并在被试者看完视频后决策时采用了美度评级(beauty ratings)(van den Berg, Koole & van der Wulp,2003)。此外,张捷(2011b)在以书法景观构建地方非物质文化旅游资源的定性评价模型、文化资源价值定量评价模型和文化资源旅游价值综合评价模型的时候曾指出,纠正以往线性取值方法不足的新的敏感度调整取值方法便是在书法景观审美特征的基础上增加其趣味性、故事性的主观赋值。已有的审美研究大都集中在对景观的一种类型选择喜好、有无兴趣等,而且多集中于自然环境或景观,缺少特定景观审美评价,尤其是文化景观的相关研究。同时,由于书法景观首先是一种文化景观,其反映的文化内涵不言而喻,故在进行书法景观本位研究的同时应该关注其文化属性。于是,结合书法景观营造文化氛围的功能,本章节提出增加"是否有文化氛围"的相关测量语义项(见附录 A)。

5.3　研究结果

5.3.1　模型测量

SEM 具体利用 AMOS 18.0 进行两步法检验模型适配性。首先,采用因子载荷(SFL)、组合信度(CR)和平均变异数抽取量(AVE)检测(表 5 - 1、

表 5 - 2),结果表明:厦门(镇江)的 SFL 取值为 $0.441 \sim 0.974(0.372 \sim 0.875)$;潜在结构变量 CR 取值为 $0.782 \sim 0.918(0.796 \sim 0.901)$,反映量表内部具有一定的异质性;$AVE$ 取值为 $0.477 \sim 0.717(0.512 \sim 0.733)$,表明模型中的测量变量的平均解释能力一般。各类判定指标基本满足要求,说明假设结构方程模型具有一定的稳定性,可以进行模型测量检验。其次,采用绝对适配指数、相对适配指数和过度适配指数进行结构方程模型初检验。其中,χ^2/d_f 数值门槛介于 2 到 5 之间。研究发现(表 5 - 3 和表 5 - 4),厦门初始测量模型有 2 项绝对适配指数($\chi^2/d_f=2.944$;$RMSEA=0.057<0.08$)、3 项相对适配指数($IFI=0.911>0.9$;$TLI=0.903>0.9$;$CFI=0.911>0.9$)及全部过度适配指数($PGFI=0.749>0.5$;$PNFI=0.803>0.5$;$PCFI=0.840>0.5$)符合标准;镇江初始测量模型有 2 项绝对适配指数($\chi^2/d_f=3.111$;$RMSEA=0.066<0.08$)和全部过度适配指数($PGFI=0.715>0.5$;$PNFI=0.774>0.5$;$PCFI=0.815>0.5$)符合标准,两个测量模型(图 5 - 2、图 5 - 3)均需进行模型修正。

表 5 - 1　厦门书法广场游客 CLA - SEAR 模型的 CFA 结果

| | ES | | | SAT | | | | | COM | | | |
	ATM	LAY	COE	AS_1	AS_2	AS_3	AS_4	AS_{11}	AS_6	AS_7	AS_8	AS_9	AS_{14}
SFL	0.735	0.974	0.724	0.685	0.838	0.845	0.886	0.890	0.735	0.828	0.900	0.861	0.764
AVE		0.671			0.693					0.672			
CR		0.857			0.918					0.911			
	ER			LOY					LA			
	ER_1	ER_2	ER_3	ER_4	AS_5	AS_{10}	AS_{12}	AS_{13}	LA_1	LA_2	LA_3	LA_4	LA_5
SFL	0.800	0.803	0.441	0.677	0.789	0.807	0.888	0.897	0.787	0.584	0.750	0.717	0.591
AVE		0.484			0.717					0.477			
CR		0.782			0.910					0.818			

表 5 - 2　镇江焦山碑林游客 CLA - SEAR 模型的 CFA 结果

| | ES | | | SAT | | | | | LOY | | | |
	ATM	LAY	COE	AS_1	AS_2	AS_3	AS_4	AS_5	AS_{10}	AS_{12}	AS_{13}	AS_{14}
SFL	0.844	0.865	0.859	0.750	0.855	0.858	0.858	0.807	0.715	0.856	0.863	0.768
AVE		0.733			0.692					0.646		
CR		0.892			0.899					0.901		

续 表

	ER				COM				LA				
	ER$_1$	ER$_2$	ER$_3$	ER$_4$	AS$_6$	AS$_7$	AS$_8$	AS$_9$	LA$_1$	LA$_2$	LA$_3$	LA$_4$	LA$_5$
SFL	0.788	0.372	0.844	0.758	0.765	0.875	0.846	0.827	0.773	0.815	0.804	0.712	0.817
AVE	0.512				0.688				0.617				
CR	0.796				0.898				0.889				

表 5 - 3 厦门书法广场游客感知的 CLA - SEAR 模型拟合指数

拟合指数	绝对适配指数				相对适配指数				过度适配指数		
	χ^2/d_f	GFI	AGFI	RMSEA	IFI	TLI	CFI	NFI	PGFI	PNFI	PCFI
初始模型	2.944	0.858	0.838	0.057	0.911	0.903	0.911	0.871	0.749	0.803	0.84
修正模型	2.852	0.863	0.843	0.056	0.915	0.908	0.915	0.875	0.752	0.806	0.842
标准	2~5	>0.9	>0.9	<0.08	>0.9	>0.9	>0.9	>0.9	>0.5	>0.5	>0.5

表 5 - 4 镇江书法广场游客感知的 CLA - SEAR 模型拟合指数

拟合指数	绝对适配指数				相对适配指数				过度适配指数		
	χ^2/d_f	GFI	AGFI	RMSEA	IFI	TLI	CFI	NFI	PGFI	PNFI	PCFI
初始模型	3.111	0.822	0.795	0.066	0.887	0.877	0.887	0.843	0.715	0.774	0.815
修正模型	2.862	0.843	0.818	0.062	0.902	0.892	0.901	0.856	0.727	0.78	0.821
标准	2~5	>0.9	>0.9	<0.08	>0.9	>0.9	>0.9	>0.9	>0.5	>0.5	>0.5

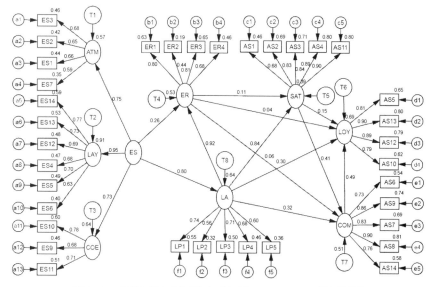

图 5 - 2 厦门书法广场游客感知的 CLA - SEAR 模型测量

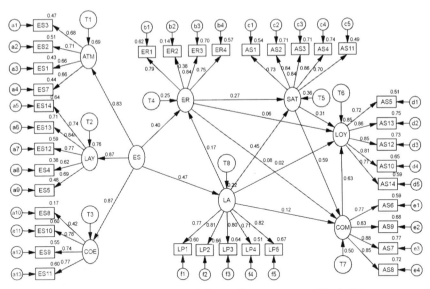

图 5 - 3　镇江焦山碑林游客感知的 CLA - SEAR 模型测量

5.3.2　模型修正

厦门和镇江书法景观结构方程模型修正均以实际情况和 Modification Indices 为指导,其中,厦门书法广场测量模型释放潜变量"d1(我愿意再来这里参观书法石刻)"与"d4(我再参观书法石刻会先考虑这里)"的相关关系,镇江焦山碑林修正模型释放潜变量 "a8(这里所在的位置很容易找到)"与"a9(这里的文字解说很有用)"、"a6(这里的各类设施很容易找到)"与"a7(这里服务信息获取很方便)"、"d2(我会对别人称赞这里的书法石刻)"与"d3(我会推荐别人参观这里的书法石刻)"、"c5(这里的书法石刻满足我的审美要求)"与"c3(参观这里的书法石刻让我很享受)"的相关关系。修正后模型与假设模型相比,虽仍有个别指数未满足要求,但拟合指数具有较大增加(表 5 - 3 、表 5 - 4)。

由图 5 - 4、图 5 - 5 和表 5 - 5 可知,游客感知的 CLA - SEAR 模型路径中具有 * 标记的路径系数(λ)表示假设关系在 95％的置信区内成立。研究发现:① 在镇江抽样数据中,书法景观审美评价对 SEAR 的作用关系几乎没有发生变化,仅 H_{2-2} 从 0.01 水平显著降到了不显著,而在厦门抽样数据中书法景观审美评价却对 SEAR 具有显著的改变作用,H_1 与 H_2(H_{2-1}、H_{2-2} 和 H_{2-3})两个假设关系均由显著相关变为不显著相关。② 两个案例地中,游客对书法景观的审美评价均受到环境刺激感知显著影响($\lambda_{厦门}=0.840,p<0.001$;$\lambda_{镇江}=0.448,p<0.001$),且两组模型中书法景观游客审美评价均对情感反应($\lambda_{厦门}=-0.922,p<0.001$;$\lambda_{镇江}=-0.171,p<0.01$)具有积极的正向相关关系。③ 两个案例地书法景观游客审美评价对趋向反应却有着不同的作用关系,其中厦门书法景观游客审美评价分别对满意度($\lambda_{厦门}=0.840,p<0.001$)、承诺($\lambda_{厦门}=0.318,p<0.001$)和忠诚度($\lambda_{厦门}=0.313,p<0.001$)具有积极的正向影响,而镇江焦山碑林中书法景观游客审美评价对忠诚度却并未产生积极的正向相关关系($\lambda_{镇江}=0.004,p>0.05$)。

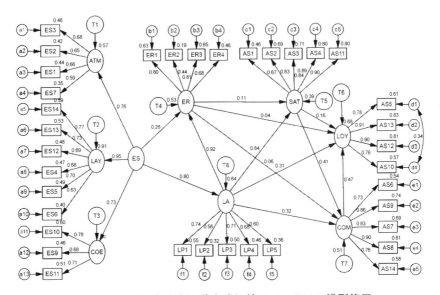

图 5-4　厦门书法广场游客感知的 CLA-SEAR 模型修正

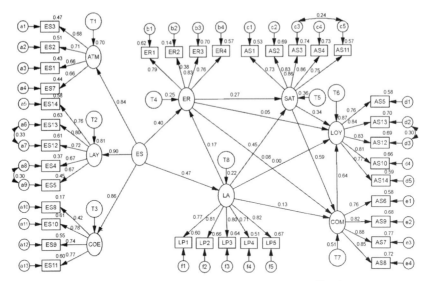

图 5‐5　镇江焦山碑林游客感知的 CLA‐SEAR 模型修正

表 5‐5　游客感知的 CLA‐SEAR 模型假设模型路径系数及显著性统计表

案例地	H₁	H₂			H₃	H₄
		H₂₋₁	H₂₋₂	H₂₋₃		
厦门书法广场	0.261	0.107	−0.056	0.043	0.406***	0.158**
镇江焦山碑林	−0.398***	−0.268***	−0.083	−0.047	0.593***	0.344***

案例地	H₅	H₆	H₇	H₈		
				H₈₋₁	H₈₋₂	H₈₋₃
厦门书法广场	0.473***	0.800***	−0.922***	0.840***	0.318***	0.313***
镇江焦山碑林	0.636***	0.468***	−0.171**	0.448***	0.125**	0.004

注释：*（**）表示假设关系在 0.05（0.01）水平上显著；*** 表示假设关系在 0.001 水平上显著。

5.3.3　书法景观游客审美评价的差异性探讨

（1）基于个体属性的差异性分析

已有的文献表明：社会和人口统计特征的差异性使得个体产生了一系列不同的环境倾向性（tendency），并且有学者认为这种倾向性能够对个体的景观审美评价产生一定的影响（Lupp，Höchtl ＆ Wende，2011；Lyons，1983）。

其中,有学者在解释景观审美评价的特定群体间的差异前便将被试者按照一定的背景进行族群划分,却没有考虑到不同群体的个体社会属性对结果的影响,而此属性是研究景观审美评价不可或缺的内容,如年龄、性别、社会经济地位、居住体验等(Lyons,1983;Kellert,1984)。对于书法景观,我们可将上述居住体验变通为对书法景观的熟悉程度,如是否练习过书法、书法是否是自己的爱好以及练习书法的时间跨度等,本研究暂且称之为个人的书法属性。

利用非参数检验分析游客书法属性及人口社会统计属性中的性别、年龄、职业、月收入和教育程度对游客书法景观审美评价的影响,同时探索不同客源地对上述影响的地域性作用。书法属性中的练习、爱好及性别采用Mann-Whitney U 检验,而年参观书法展览次数、年龄、职业、受教育程度、月收入则利用 Kruskal-Wallis H 检验,结果表明游客书法景观审美评价受到所有书法属性因素、人口统计学属性中年龄和受教育程度的影响而表现出一定的差异性。其中,两个案例地游客书法景观审美评价的显著性差异仅在年参展次数上表现一致(卡方$_{厦门}$=9.771,$p<0.05$;卡方$_{镇江}$=20.753,$p<0.001$)。除此之外,厦门书法广场游客书法景观审美评价还在书法爱好上表现出显著性差异($Z_{厦门}$=−2.089,$p<0.05$),而镇江焦山碑林则在书法练习史($Z_{镇江}$=−2.880,$p<0.01$)、年龄(卡方$_{镇江}$=12.356,$p<0.05$)和受教育程度(卡方$_{镇江}$=9.692,$p<0.05$)上表现出显著性差异(表5-6)。

表 5-6　游客书法景观审美评价的组别与区域差异

	统计指数	组别	审美评价	组别	审美评价
厦门	Z	书法练习史	−1.339	书法爱好	−2.089
	Monte Carlo 显著性		0.181		0.037*
镇江	Z		−2.880		−1.800
	Monte Carlo 显著性		0.004**		0.072
厦门	Z	性别	−0.517	—	—
	Monte Carlo 显著性		0.605		—
镇江	Z		−1.910		—
	Monte Carlo 显著性		0.056		

续　表

	统计指数	组别	审美评价	组别	审美评价
厦门	卡方		7.958		3.348
	Monte Carlo 显著性	年龄	0.093	受教育程度	0.501
镇江	卡方		12.356		9.692
	Monte Carlo 显著性		0.015*		0.046*
厦门	卡方		13.926		0.946
	Monte Carlo 显著性	职业	0.176	月收入	0.918
镇江	卡方		10.542		0.428
	Monte Carlo 显著性		0.394		0.980
厦门	卡方		9.771		—
	Monte Carlo 显著性	年参展次数	0.044*		—
镇江	卡方		20.753		—
	Monte Carlo 显著性		0.000***		—

注释：*（**）表示一致性检验在 0.05(0.01)水平（双侧检验）上显著；*** 则在 0.001 水平上显著。

（2）基于空间属性的差异性分析

对各省份的游客书法景观审美评价进行核密度分析，颜色越深表明等级越高，游客书法景观审美评价的密度值越大（图 5-6a 和图 5-6b）。两个案例地的空间特征具有高度相似性，核心区均主要分布在京津冀及其周边地区、江浙沪及其与安徽交界处；另外，兰州—成都—重庆及两广交界处、东北地区也是游客书法景观审美评价均值较高的地区。不同的是厦门空间连片范围更广，而镇江的空间插值核心区相对较小（图 5-7a 和图 5-7b），一方面说明书法景观审美评价并未完全受到审美/评价对象类型的影响；另一方面间接说明厦门客源地更加广阔，可能与厦门市作为著名的旅游城市有关。

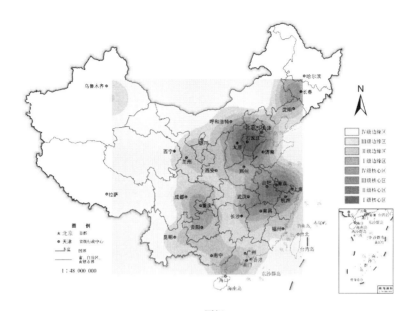

a. 厦门

审图号:GS(2019)1823 号　自然资源部监制

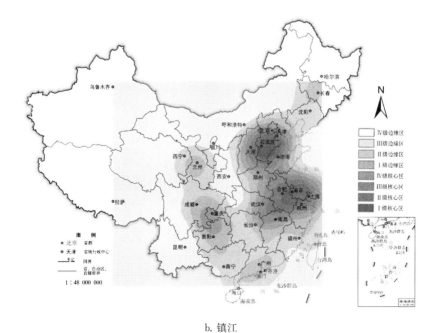

b. 镇江

图 5-6　游客书法景观审美评价的核密度分析图

审图号:GS(2019)1823 号　自然资源部监制

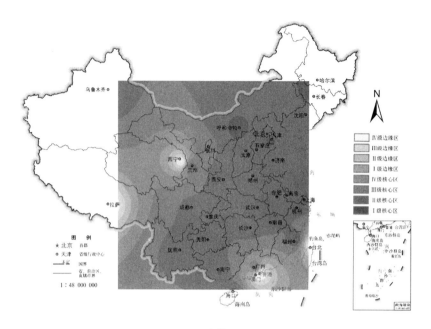

a. 厦门

审图号:GS(2019)1823 号　自然资源部监制

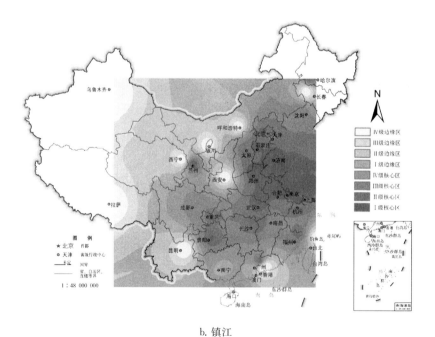

b. 镇江

图 5-7　游客书法景观审美评价的 IDW 分析对比图

审图号:GS(2019)1823 号　自然资源部监制

5.4　本章小结

（1）旅游场所景观审美评价会受到场所环境等客观因素的影响。

两种类型的书法景观场所均存在这种现象，一方面间接说明书法景观无论哪种类型、无论历史长短均具有一定的审美特征，并且这种审美特征受到主观因素的影响的同时还受到客观环境刺激的影响，契合了环境美学中关于景观与环境不可割裂的观点；另一方面，可以间接说明景观审美评价是容易受到场所环境影响而发生变化的，其并非后天不可获得。根据景观感知理论，环境具有较强的功能指向性，是人类重要的感知信息来源，其通过诸如景观的光、色、建筑、水体及植被等复合元素多形式地感知刺激源会让游客产生较高的审美评价。

（2）书法景观审美评价能够引起一系列的游客趋向行为及情感反应。

诸多学者（Daniel & Vining，1983；Han，2010）直接或间接地论证了景观评价高的群体往往会产生积极的情感，如高兴、放松等，该结果也是对此类观点的支持。从书法景观现代属性来看，书法景观作为一种旅游消费产品，此时的景观审美评价更多的是出于一种好奇、审美驱动或休闲娱乐目的，而对于游客来讲，通过消费景观获得特殊体验是旅游过程中的核心内容，该过程中情感起到了至关重要的作用（Yan，et al.，2016）。研究结果中，情感对景观审美评价的显著性影响同样证实了这一观点（$\lambda_{厦门} = -0.922，p < 0.001$；$\lambda_{镇江} = -0.171，p < 0.01$）。从书法景观定义来看，其本质就是一种场所环境，而根据环境美学的观点，环境是一种人本主义的场所感知，场所感知是人与环境相互作用的结果，并带有一定的感情色彩（Tuan，1974；Amedeo，1993）。这也间接印证了参与美学的诸多专家的观点，他们认为审美行为并非高高在上的、遥不可及的行为，而是与日常生活息息相关，审美的过程是一种敞开式的、参与式的创造性的欣赏，并能够唤起最重要也是最合乎情理的层面——情感。

（3）景观审美评价对 SEAR 的影响在两个案例地的差异性表现说明，一方面镇江无变化、厦门变化大,人们在原真性的经验判断上更加喜爱镇江的石刻碑文,因此会与 SEAR 中各路径系数具有一定的一致性;另一方面,可能是因为厦门书法广场所呈现的自然风光以及施工现场影响到游客对其书法景观的审美评价,且厦门书法景观为了追求一种园林上的设计美感,不均匀地分散在广场的树林、草地乃至休息区内,从空间布局上并未带给游客强烈的视觉效果。因此,在设计和建设此类文化景观之时,应该多从视觉效果上着手,营造具有强烈冲击感的视觉氛围。

(4)书法景观审美评价受到个体书法属性及部分社会属性的影响而表现出显著差异性。Abello 等指出景观审美评价的研究不应该完全依赖景观排名,应该考虑审美评价的高低和个人的感知性差异,在进行群体一致性检验的同时关注影响因子的差异性(Abello,Bernaldez & Galiano,1986),而Penning-Rowsell(1982)、俞孔坚和吉庆萍(1990)等则更加详细地证明景观审美评价与个体的性别和社会地位无关,与其年龄、景观熟悉度有关。本章结果支持了上述研究的部分观点:首先,在镇江抽样数据中书法景观审美评价分别在书法练习史、年参展次数、年龄和受教育程度上存在显著性差异,而在厦门抽样数据中仅在书法属性中的书法爱好和年参展次数上存在显著性差异,书法属性便可理解为对书法景观的熟悉程度,熟悉书法的个体可能会更多地关注此类景观;其次,Falk 等研究人文景观的心理评价时认为景观审美评价容易受到个人生活经验的影响而表现出一定的后天可获得性,并非先天固有属性。

第6章 书法文化游客认同与环境刺激感知的关系

6.1 研究假设

旅游活动作为一种短暂的与目的地环境接触的过程,目的地的环境对于游客的刺激与本地居民之间必然存在差异。而游客"自我"特征多受到客源地环境的长期刺激而形成一种固有的文化认同,这种自我文化与旅游目的地的"他者"文化之间的差异是促进旅游行为的动力。环境美学认为,景观对于游客来讲是一种"短暂"的环境,这种观点与一些学者秉持的"非惯常"环境是一致的。

早在20世纪70年代,就有学者将跨文化的效能概括为三类:应对压力、有效沟通和建立人际关系(Cox,2004;Hammer,Gudykunst & Wiseman,1978)。随后,众多学者认为这种跨文化的调节(cultural adjust)可以归结为两个层面三点内容:出国和归国后的"工作调节"、"交流互动调节"和"一般/文化调节"(Black & Mendenhall,1991;Black & Gregersen,1992)。这种调节过程的产生源于对不同文化背景或生活习俗甚至环境的适应,其结果无非两种:适应或不适应。在这个过程中起到决定性作用的便是文化认同,包括对生活习俗、饮食习惯以及文化价值观等的认同。文化认同可以描述所属文化、表达感觉和文化群体特征自我反应的看法(Benish-Weisman & Horenczyk,2010)。后来的学者通过网络调查的方式对被试者的童年跨文化体验、成人的文化无家可归、文化依恋以及文化认同和自尊之间的相互关系进行研究时将这种不同文化之间的认同概括为三个方面:清晰的身份识别;情感的依恋、归属和承诺;社会人际关系的支持。其中,情感上的依恋、归属是恪守"自我"标记,允许"自我"认知过程的情感基质。因此,文化认同在某种程度上除了是对归属的一种认知性判断，更带有情感上的依恋和行为上的承诺。综上所述，文化认同是一种个体所有概念，是一种根深蒂固的群体特征，是一种态度、信念、意识以及情感和行为的表现。积极的文化认同能够产生接触、了解特定文化的行为趋向。具体假设关系及概念模型（图 6-1）如下：

H₉：环境刺激游客感知对文化认同具有显著的正向影响

H₁₀：游客文化认同对其情感具有显著的正向影响

H₁₁：游客文化认同对其趋向反应具有显著的正向影响

　　H₁₁₋₁：游客书法文化认同对其满意度具有显著的正向影响

　　H₁₁₋₂：游客书法文化认同对其行为承诺具有显著的正向影响

　　H₁₁₋₃：游客书法文化认同对其行为忠诚具有显著的正向影响

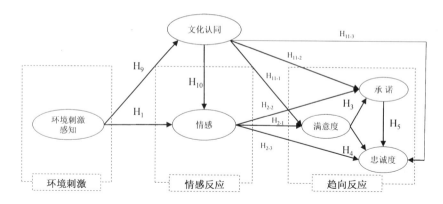

图 6-1　文化认同对 SEAR 影响的概念模型

6.2　测量指标选取与设计

文化认同的维度和测量相关研究较少，特别是旅游地游客文化认同研究几乎处于空白状态。由于研究视角的差异，不同研究对文化维度的概括方式也不尽相同。其中比较有代表性的有：从社会学、人类学的视角将文化认同归纳为文化投入、文化归属和文化综合三个维度（Dehyle，1991）；从心理学的角度进行研究，以认知原则为依据将文化认同划分为认知、行为、情感和知觉。同样地，也有学者从单一维度视角考虑文化认同，设计了主要涵盖游客行为的文化认同选项（唐丽丽、朱定秀、齐先文，2015）。然而，在众多学者的研究中，认同的概念从始至终便是多层次的，文化的复杂性同样决定了文化认同的多维性。从第7章"研究假设"可以发现，文化认同可以从个人归属、态度（自豪感）及情感三个方面进行理解。

书法文化是中国传统文化的重要代表，对其认同在一定程度上是对中国传统文化、中华民族文化中书法地位的一种认知。本研究设计文化认同这一内容旨在以书法文化为一个缩影，检验改革开放40年来，经济全球化进程中西方文化影响下中国民众的书法文化态度。问卷设计上与上述文化认同的测量指标既具有共性又具有一定的差异性，更倾向于民族、国家层面的自我文化认同。因此，最终借鉴时春丽关于民族文化认同的测量以及方国清在研究中国武术文化认同过程中设计的测量量表，并结合上述文献中的情感、认知乃至行为测量语义项，设计了涵盖文化归属感、文化自豪感和文化依恋感三个维度的测量量表，具体如下：

书法文化归属感：书法文化是中国传统文化的代表；书法是中国人的一种标志；书法是我生命中不可缺少的一种文化；书法是中华民族的一种象征。

书法文化自豪感：如果到国外看到书法相关的东西，我会感到很自豪；无论在哪里，书法文化让我觉得很亲切；如果我了解书法文化，我会引以为荣；如果亲戚朋友擅长书法，我会很骄傲。

书法文化依恋感：书法文化让人留恋；书法文化对我很有吸引力；欣赏书法文化让我觉得很有品位。

6.3　研究结果

6.3.1　探索性因子分析

探索性因子分析能够检验理论假设中的维度划分是否符合统计学特征，

厦门书法广场游客书法文化认同数据的 EFA 结果表明,克朗巴哈系数在 0.790~0.840(>0.60),"总体-相关"系数的取值范围为 0.534~0.738(> 0.30),说明数据的整体信度符合 EFA 的要求。巴氏球形卡方检验近似值及 KMO 分别为 3039.55($p<0.05$)和 0.889($\geqslant$0.6),两者都对相关矩阵不是单元矩阵的假设给出了拒绝结果,说明数据的结构适合进行 EFA,且因子累计方差贡献率达到了 69.17%(表 6-1)。镇江焦山碑林数据的 EFA 结果表明,克朗巴哈系数在 0.848~0.913(>0.60),"总体-相关"系数的取值范围为 0.558~0.806(>0.30),说明数据的整体信度符合 EFA 的要求。巴氏球形卡方检验近似值及 KMO 分别为 3643.482($p<0.05$)和 0.915($\geqslant$0.60),两者都对相关矩阵不是单元矩阵的假设给出了拒绝结果,说明数据的结构适合进行 EFA,且因子累计方差贡献率达到了 76.49 %(表 6-2)。

表 6-1 厦门书法广场游客书法文化认同的 EFA 结果

题项	文化自豪	文化归属	文化依恋	均值	方差	总体相关系数
CI_7	0.818(0.797)			4.202	0.740	0.738
CI_8	0.824(0.797)			4.095	0.821	0.689
CI_{11}	0.620(0.633)			4.048	0.736	0.565
CI_6	0.599(0.623)			4.161	0.748	0.627
CI_1		0.800(0.802)		4.540	0.521	0.641
CI_2		0.794(0.789)		4.401	0.683	0.698
CI_3		0.796(0.787)		4.618	0.447	0.678
CI_4		0.791(0.775)		4.562	0.505	0.689
CI_5			0.848(0.847)	3.226	1.042	0.534
CI_{10}			0.715(0.702)	3.688	0.960	0.676
CI_9			0.686(0.665)	3.694	0.893	0.689
特征值	5.049	1.773	0.786			
方差贡献率(%)	45.902	16.117	7.150			
Cronbach' α	0.827	0.840	0.790			

巴氏球形检验卡方近似值:3039.55($p<0.05$);KMO:0.889>0.6

表 6 - 2　镇江焦山碑林游客书法文化认同的 EFA 结果

题项	文化自豪	文化归属	文化依恋	均值	方差	总体相关系数
CI_7	0.800			4.474	0.593	0.789
CI_8	0.789			4.379	0.728	0.740
CI_6	0.709			4.460	0.592	0.748
CI_4		0.861		4.662	0.472	0.806
CI_1		0.850		4.619	0.505	0.806
CI_3		0.839		4.685	0.435	0.794
CI_2		0.815		4.608	0.516	0.800
CI_{10}			0.843	4.194	0.830	0.776
CI_9			0.763	4.235	0.808	0.770
CI_5			0.752	4.355	0.700	0.558
CI_{11}			0.677	4.610	0.507	0.663
特征值	0.694	6.135	1.586			
方差贡献率(%)	6.306	55.771	14.416			
Cronbach' α	0.874	0.913	0.848			

巴氏球形检验卡方近似值:3643.482($p<0.05$);KMO:0.915>0.6

最终确定书法文化认同的三个公因子:第一个涉及对书法文化的自豪感,主要涉及"如果我了解书法文化,我会引以为荣""如果亲戚朋友擅长书法,我会很骄傲"等,以及从国家层面出发的与"他者"文化的比较,如"在国外看到书法相关的东西,我会感到很自豪";第二个是与文化身份和归属感等个体"自我"文化认知有关,主要包括"书法是中华民族的一种象征""书法是中国人的标志"及"书法文化是中国传统文化的代表"等问题,我们称之为文化归属感;第三个公因子与游客的文化情感有关,主要涉及"书法文化让我留恋""我喜欢书法文化胜过其他文化"及"书法文化是独一无二的"等文化情感依恋问题项。同样地,焦山碑林的书法文化认同维度也可以用上述三种因子类型进行描述,但是在 CI_{11}("了解书法文化让我觉得很有品位")所属公因子上有所不同。在厦门和镇江抽样数据中 CI_{11} 分别属于文化自豪感、文化依恋感。

对比不同纬度整体均值可以发现(图 6 - 2、图 6 - 3),两个案例地游客的书法文化归属都是最主要的感知内容,而感知均值最小的均为书法文化依恋,一方面,说明在当代社会背景下,书法文化是作为区分文化"他者"和"我者"的重要判断标准;另一方面,书法文化的依恋程度不高也说明在现代化程度已经很高的现今社会,传统文化的喜爱和迷恋正在受到一定的"侵蚀"。从两个案例地的比较上看,无论是文化归属、文化自豪还是文化依恋,均为镇江焦山碑林的认同度高于厦门书法广场的,这在一定程度上表明了两种书法景观的本体特征给游客的感知差距。书法文化是一种上层建筑,往往被视为正

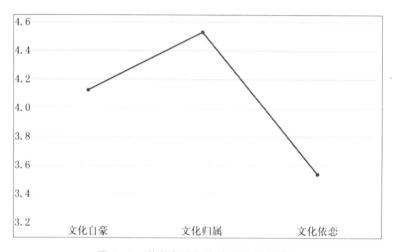

图 6 - 2　游客书法文化认同维度(厦门)

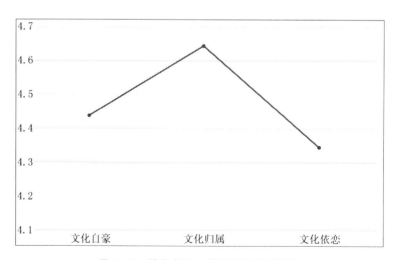

图 6 - 3　游客书法文化认同维度(镇江)

式、神圣的标注物之一,在许多场所往往通过不同的风格、形制等衬托出不同的氛围。或许正是书法文化在中国人心目中是一种高雅的象征,所以那些具有历史气息的、真实的碑林(焦山碑林几乎全部为原碑真迹)往往带给人更多的主观认同,相比之下,风格迥异、形态多样的厦门广场书法景观更注重景观小品建筑的现代性和城市广场的休闲性。

6.3.2　模型测量

SEM 具体利用 AMOS 18.0 进行两步法检验模型适配性。首先,采用 CFA 检验潜在结构能否形成稳定的测量模型,用因子载荷(SFL)、组合信度(CR)和平均变异数抽取量(AVE)检测(表 6 - 3、表 6 - 4),结果表明:厦门(镇江)的 SFL 取值在 0.437~0.981(0.368~0.961);潜在结构变量 CR 取值在 0.782~0.918(0.796~0.901),反映量表内部具有一定的异质性;AVE 取值在 0.484~0.693,表明模型中的测量变量的平均解释能力一般。各类判定指标基本满足要求,说明假设结构方程模型具有一定的稳定性,可以进行模型测量检验。其次,采用绝对适配指数、相对适配指数和过度适配指数进行结构方程模型初检验。其中,χ^2/d_f 数值门槛介于 2 到 5 之间。研究发现,厦门书法广场初始测量模型有 2 项绝对适配指数($\chi^2/d_f=2.935$,$RMSEA=0.057<0.08$)和全部过度适配指数($PGFI=0.745>0.5$;$PNFI=0.791>0.5$;$PCF=0.834>0.5$)符合标准,有一多半的指数不符合标准,需进行模型修正。同样的,镇江焦山碑林初始测量模型虽然也有大部分适配指数符合标准,但仍有 2 项绝对适配指数($GFI=0.810<0.9$;$AGFI=0.786<0.9$)和全部比较适配指数($IFI=0.891<0.9$;$TLI=0.882<0.9$;$CFI=0.891<0.9$;$NFI=0.841<0.9$)不符合标准,需要对两个测量模型(图 6 - 4、图 6 - 5)进行适当的修正。

表 6 - 3　厦门书法广场游客 CCI - SEAR 模型的 CFA 结果

	ES			SAT					COM			
	ATM	LAY	COE	AS_1	AS_2	AS_3	AS_4	AS_{11}	AS_6	AS_7	AS_8	AS_9	AS_{14}
SFL	0.748	0.957	0.734	0.684	0.838	0.845	0.887	0.890	0.735	0.828	0.900	0.862	0.763
AVE	0.671			0.693					0.672				
CR	0.858			0.918					0.911				

续　表

	ER				LOY				CI		
	ER₁	ER₂	ER₃	ER₄	AS₅	AS₁₀	AS₁₂	AS₁₃	CBE	CPR	CAT
SFL	0.802	0.437	0.803	0.676	0.788	0.808	0.889	0.896	0.593	0.981	0.804
AVE		0.484				0.717				0.654	
CR		0.782				0.910				0.845	

表 6 - 4　镇江焦山碑林游客 CCI - SEAR 模型的 CFA 结果

	ES			SAT					LOY				
	ATM	LAY	COE	AS₁	AS₂	AS₃	AS₄	AS₁₁	AS₅	AS₁₀	AS₁₂	AS₁₃	AS₁₄
SFL	0.849	0.859	0.861	0.746	0.840	0.839	0.855	0.709	0.806	0.719	0.855	0.863	0.767
AVE		0.733			0.640					0.646			
CR		0.892			0.898					0.901			

	ER				COM				CI		
	ER₁	ER₂	ER₃	ER₄	AS₆	AS₇	AS₈	AS₉	CBE	CPR	CAT
SFL	0.786	0.368	0.844	0.762	0.765	0.875	0.846	0.827	0.709	0.961	0.827
AVE		0.512				0.688				0.703	
CR		0.796				0.898				0.875	

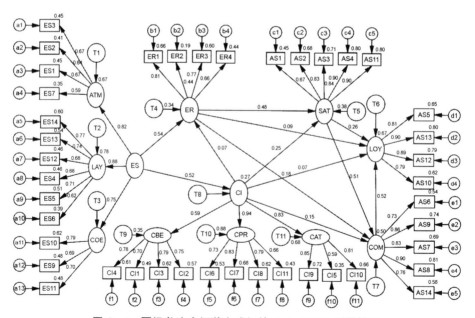

图 6 - 4　厦门书法广场游客感知的 CCI - SEAR 测量模型

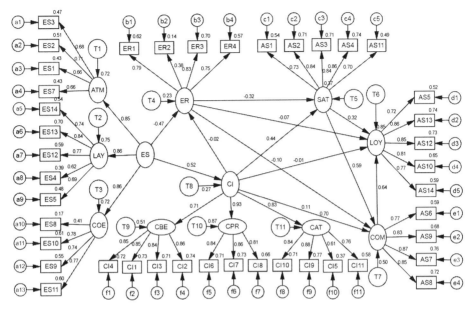

图 6 - 5　镇江焦山碑林游客感知的 CCI - SEAR 测量模型

6.3.3　模型修正

厦门和镇江书法景观结构方程模型修正均以实际情况和 Modification Indice 为指导,其中,厦门书法广场测量模型释放潜变量"a6(这里的各类设施很容易找到)"与"a9(这里的文字解说很有用)"、"d1(我愿意再来这里参观书法石刻)"与"d4(我再参观书法石刻会先考虑这里)"、"b3(愉悦)"与"b4(喜欢)"之间的相关关系,镇江焦山碑林修正模型释放潜变量"a8(这里所在的位置很容易找到)"与"a9(这里的文字解说很有用)"、"a6(这里的各类设施很容易找到)"与"a7(这里服务信息获取很方便)"、"d2(我会对别人称赞这里的书法石刻)"与"d3(我会推荐别人来这里参观书法石刻)"之间的相关关系。修正后模型与假设模型相比,虽仍有个别指数未满足要求,但拟合指数数值上有所增加(表 6 - 5、表 6 - 6)。

表 6-5　厦门书法广场 CCI‐SEAR 模型拟合指数

拟合指数	绝对适配指数				相对适配指数				过度适配指数		
	χ^2/d_f	GFI	AGFI	RMSEA	IFI	TLI	CFI	NFI	PGFI	PNFI	PCFI
初始模型	2.935	0.838	0.846	0.057	0.895	0.886	0.894	0.848	0.745	0.791	0.834
修正模型	2.821	0.818	0.827	0.056	0.901	0.893	0.900	0.854	0.750	0.794	0.837
标准	2~5	>0.9	>0.9	<0.08	>0.9	>0.9	>0.9	>0.9	>0.5	>0.5	>0.5

表 6-6　镇江焦山碑林 CCI‐SEAR 模型拟合指数

拟合指数	绝对适配指数				相对适配指数				过度适配指数		
	χ^2/d_f	GFI	AGFI	RMSEA	IFI	TLI	CFI	NFI	PGFI	PNFI	PCFI
初始模型	2.815	0.81	0.786	0.061	0.891	0.882	0.891	0.841	0.719	0.782	0.829
修正模型	2.645	0.827	0.804	0.058	0.902	0.893	0.901	0.851	0.73	0.788	0.834
标准	2~5	>0.9	>0.9	<0.08	>0.9	>0.9	>0.9	>0.9	>0.5	>0.5	>0.5

书法景观游客感知的 CCI‐SEAR 模型路径中具有 * 标记的路径系数 (λ)表示假设关系在95%的置信区内成立(图 6-6、图 6-7 和表 6-7)。研究发现:① 文化认同对 SEAR 具有一定的影响作用,尤其是在镇江焦山碑林,情感对忠诚度的作用由不显著($\lambda_{镇江}=-0.110,p<0.05$)变成了显著($\lambda_{镇江}=-0.051,p<0.05$),一定程度上反映了镇江书法景观原真性感知能够带来更强的文化认同。② 游客书法认同受到环境刺激感知的显著性影响($\lambda_{厦门}=0.529,p<0.001;\lambda_{镇江}=0.516,p<0.001$),同时并未与游客情感产生显著性影响($\lambda_{厦门}=-0.032,p>0.05;\lambda_{镇江}=-0.018,p>0.05$)。③ 两个案例地书法文化认同对趋向反应内部维度存在差异性影响,其中文化认同对满意度($\lambda_{厦门}=0.238,p<0.001;\lambda_{镇江}=0.431,p<0.001$)、承诺($\lambda_{厦门}=0.141,p<0.01;\lambda_{镇江}=0.178,p<0.05$)均产生正向的显著影响,但其与忠诚度之间的关系存在类型差别($\lambda_{厦门}=0.079,p<0.05;\lambda_{镇江}=0.005,p>0.05$)。④ 游客对书法文化的自豪感(CPR)、归属感(CBE)和依恋感(CAT)能够很好地解释书法文化认同(CI),解释力最强的为书法文化自豪感($L_{厦门}=0.94;L_{镇江}=0.93$),书法文化归属感($L_{厦门}=0.60;L_{镇江}=0.71$)和依恋感($L_{厦门}=0.82;L_{镇江}=0.84$)感知相差不大。

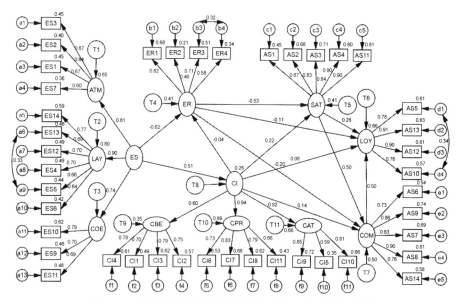

图 6 - 6　厦门书法广场游客感知的 CCI - SEAR 修正模型

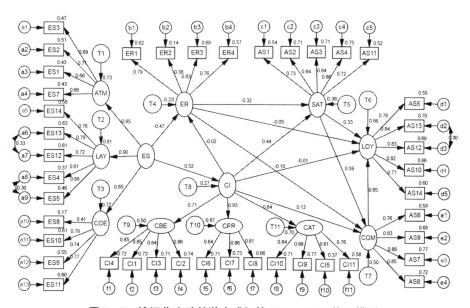

图 6 - 7　镇江焦山碑林游客感知的 CCI - SEAR 修正模型

表 6-7 游客感知的 CCI-SEAR 模型假设模型路径系数及显著性统计表

案例地	H₁	H₂			H₃	H₄
		H₂₋₁	H₂₋₂	H₂₋₃		
厦门书法广场	−0.544***	−0.484***	−0.200***	−0.107*	0.494***	0.258***
镇江焦山碑林	−0.472***	−0.297***	−0.129**	−0.078*	0.524***	0.266***

案例地	H₅	H₉	H₁₀	H₁₁		
				H₈₋₁	H₈₋₂	H₈₋₃
厦门书法广场	0.501***	0.529***	−0.032	0.238**	0.141**	0.079*
镇江焦山碑林	0.682***	0.516***	−0.018	0.431***	0.178**	0.005

注释：*（＊＊）表示假设关系在 0.05(0.01)水平上显著；*** 则表示在 0.001 水平上显著。

6.3.4 书法文化认同差异性研究

（1）基于个体属性的差异性分析

利用非参数检验分析游客书法属性及人口社会统计属性对书法文化认同的差异性影响，同时探索不同客源地对上述影响的地域性作用。书法属性中的练习、爱好及性别采用 Mann-Whitney U 检验，而年参观书法展览次数、年龄、职业、受教育程度、月收入则利用 Kruskal-Wallis H 检验，结果表明游客书法文化认同受到书法属性、人口统计学属性中的性别和受教育程度的影响表现出一定的差异性。同时，该差异性还存在于两种不同类型书法景观场所之间（表 6-8）。例如，厦门数据中的书法文化自豪感受到书法爱好、性别及受教育程度的影响而表现出一定的显著性差异，而对应的镇江数据却并没有显著性差异存在；书法文化归属感在书法练习史（厦门不显著，镇江显著）、书法爱好（厦门不显著，镇江显著）、性别（厦门不显著，镇江显著）及受教育程度（厦门显著，镇江不显著）上具有一定的显著性差异；书法文化依恋感仅在书法属性中的书法练习史、书法爱好上具有显著性差异，且存在地域性一致。

表 6-8 游客书法文化认同的组别与区域差异

	统计指数	组别	文化自豪感	文化归属感	文化依恋
厦门	Z	书法练习史	−1.602	−1.820	−3.621
	Monte Carlo 显著性		0.109	0.069	0.000***
镇江	Z		−1.867	−2.859	−3.223
	Monte Carlo 显著性		0.062	0.004**	0.001***

续 表

	统计指数	组别	文化自豪感	文化归属感	文化依恋
厦门	Z	书法爱好	−3.200	−0.878	−7.052
	Monte Carlo 显著性		0.001***	0.380	0.000***
镇江	Z		−1.907	−2.929	−4.107
	Monte Carlo 显著性		0.056	0.003**	0.000***
厦门	Z	性别	−2.799	−1.860	−1.612
	Monte Carlo 显著性		0.005**	0.063	0.107
镇江	Z		−1.602	−3.011	−0.802
	Monte Carlo 显著性		0.109	0.003**	0.423
厦门	卡方	年龄/岁	6.484	4.171	7.042
	Monte Carlo 显著性		0.166	0.383	0.134
镇江	卡方		4.051	4.710	3.443
	Monte Carlo 显著性		0.399	0.318	0.487
厦门	卡方	职业	5.576	15.598	3.575
	Monte Carlo 显著性		0.850	0.112	0.964
镇江	卡方		13.845	10.535	16.055
	Monte Carlo 显著性		0.180	0.395	0.098
厦门	卡方	受教育程度	10.319	14.950	1.559
	Monte Carlo 显著性		0.035*	0.005**	0.816
镇江	卡方		3.530	4.878	2.148
	Monte Carlo 显著性		0.473	0.300	0.709
厦门	卡方	月收入/元	6.921	7.518	4.256
	Monte Carlo 显著性		0.140	0.111	0.373
镇江	卡方		6.168	5.863	2.283
	Monte Carlo 显著性		0.187	0.210	0.684
厦门	卡方	年参展次数	5.507	1.835	18.355
	Monte Carlo 显著性		0.239	0.766	0.001***
镇江	卡方		1.953	3.512	2.073
	Monte Carlo 显著性		0.744	0.476	0.722

注释：*(**)表示一致性检验在 0.05(0.01)水平(双侧检验)上显著；*** 则表示在 0.001 水平上显著。

（2）基于空间属性的差异性分析

周永博等(2012)在研究苏州园林的旅游意象省内空间格局时指出该文化分区对空间格局具有一定的影响,可以理解为是文化区内部文化特征的认同情况不一导致的。因此,我们也可以理解为游客的文化认同会根据自己所处的惯常环境的差异而产生空间上的规律性。同时,张捷等(2014)在研究城镇商业街区书法景观空间分异的影响因素时指出,商业店铺的楹联招牌的书法景观指数的空间变化规律很大程度上取决于业主对中国书法文化的认同，他还指出一些国内高校校园中的书法景观小品和建筑均表现了规划建设者对中国书法艺术的很大认同。上述均是书法景观本位角度的关于其空间规律的表述，然而，正如本书第 2 章所讲，文化认同是在文化不断传播的过程中受到诸多限制因素而产生的具有区域演变性的特定区域或群体内部的一种对"自我"文化的态度、身份的辨析。据此，本研究将初步探索书法文化认同主观感知在空间上的分异规律，并依据上述相关结论推测游客书法文化认同与其惯常环境所在文化区域经济的发达程度有关。

通过核密度分析(图 6‑8)，本书发现厦门书法广场的游客书法文化认同呈现出一种分散与集聚共存的空间特征，核心密度零星地分散于京津冀的、长三角、东北和西南的部分区域，呈现"哑铃状"空间形态。东南沿海地区游客书法文化认同均值位于Ⅱ级、Ⅲ级、Ⅳ级边缘区，属于均值的最低密度区，其原因可以从多方面解释，但主要的原因可能与经济发达程度和历史文化底蕴不无关联。为了进一步探索书法文化认同感知均值的空间分异特征，我们采用 IDW 对整体的分异走向、态势进行插值分析。

从 IDW 插值分析结果(图 6‑9)看，比较环境刺激感知、景观审美评价可知，书法文化认同的厦门数据中Ⅰ级核心区连片存在且变得与镇江数据中的Ⅰ级核心区具有相同的走向，一定程度上说明文化认同的固有性而非表型，与什么样的书法景观类型、所在场所的环境如何及是否喜欢等无关。然而，厦门的Ⅰ级核心区范围较广也可能得益于厦门样本中青少年(15—24 岁)的比例占到一半多，而镇江的则是中青年(25—44 岁)占到一半多，青少年更愿意接受新鲜的、现代感强的事物。因此，变化多样、类型各异的厦门书法广场景观设计相对来讲更受到他们的青睐。另外，厦门抽样数据在"西北—东南"方向上表现出明显的递减规律，而镇江的数据则在"西北—东南""西南—东北"两个方向上均存在明显的递减规律。此外，核密度分析结果发现东南沿海多书法文化感知的低密度区可能与经济发达情况和区域历史文化底蕴有关，图 6‑8a 和图 6‑8b 结果与此一致，广东及周边地区多属于改革开放前沿，受到的西方经济文化的影响更为深刻，而长江中下游平原虽然经济也较发达，却因其自古崇文的社会风气和深厚的文化底蕴而对书法文化的认同较为强烈。

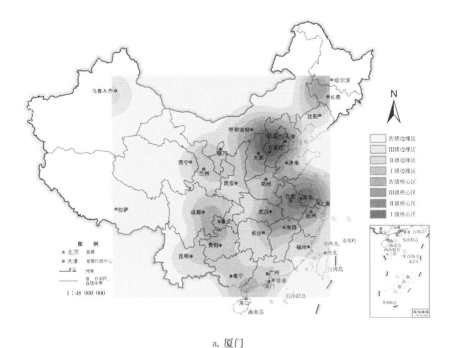

a. 厦门

审图号:GS(2019)1823 号　自然资源部监制

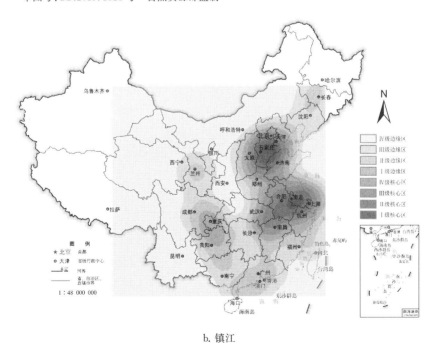

b. 镇江

图 6‐8　游客书法文化认同的核密度对比分析图

审图号:GS(2019)1823 号　自然资源部监制

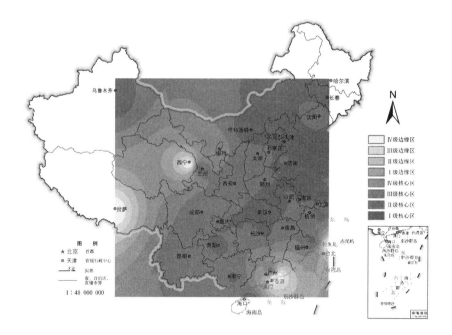

a. 厦门

审图号:GS(2019)1823 号　　自然资源部监制

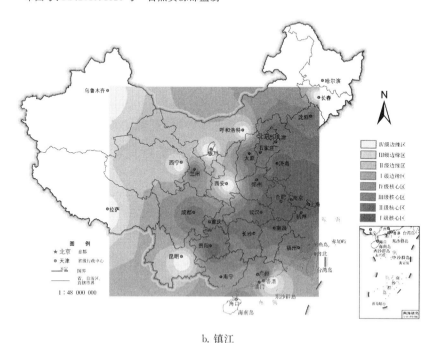

b. 镇江

图 6-9　游客书法文化认同的 IDW 对比分析图

审图号:GS(2019)1823 号　　自然资源部监制

6.4　本章小结

通过以上分析,可得出以下几点结论:

(1) 书法文化认同可以从"自我"文化的认知、情感等层面进行解读,其主要特征涉及书法文化自豪感、归属感和依恋感。其中,游客的书法文化归属是最主要的感知内容,而感知均值最小的均为书法文化依恋。一方面,说明在当代社会背景下,书法文化是作为区分文化"他者"和"我者"的重要判断标准;另一方面,书法文化的依恋程度不高也说明在现代化程度已经很高的中国现今社会,对传统文化的喜爱和迷恋正在受到一定的"侵蚀"。另外,书法文化认同反映在民族、国家层面及个人层面,前两个层面均是对文化的认知,个人层面则既包括对"自我"身份的定位(归属感),也包括个人的情感(依恋感)。有研究指出,情感上的依恋是恪守文化认同的情感基质,我们可以理解为,只有对书法文化具有足够的情感累积才会真正地以其为荣,实现真正意义上的"自我"文化角色认知。

(2) 书法文化认同与个体对书法景观的态度、认知不无关系。众所周知,人类一切行为都可视为文化与社会相互作用的产物(Moll & Greenberg,1990),是主观精神的反映。对书法文化的认同也是"自我"文化与社会身份之间交互作用的人类行为,而来自书法景观所在地及其周边地区的游客可能会有一种心理上的特殊的精神联系,导致其对相同的文化产生强烈的认同。此外,景观是文化的建构,书法景观通过社会符号作用,将一系列的景观评价转嫁给书法文化,书法景观的历史性、真实性等影响到游客对书法景观的评价。例如,镇江焦山碑林的游客书法文化归属、文化自豪、文化依恋均值都高于厦门书法广场的,很大程度上可能得益于焦山碑林的原碑真迹。

作为传统文化的代表,书法文化可以说是为每位中国人所熟知。1949 年后,尤其是改革开放以后人们对传统文化教育的重视,几乎每个人的童年均有过书法练习的经历。根据问卷数据,642 人有过书法练习经历,约占总样本

1074 的 60%（表 3-1、表 3-2），一定程度上表明文化认同是个人固有的文化属性、态度，间接印证了一些国外学者的研究论述（Moll & Greenberg，1990）。此外，张捷等在研究城镇商业街区书法景观空间分异的影响因素时指出，商业店铺的楹联招牌的书法景观指数在空间上的变化规律很大程度上取决于业主对中国书法文化的认同，他还指出，一些国内高校校园中的书法景观小品和建筑均表现了规划建设者对中国书法艺术的很大认同。

（3）书法文化认同虽说是个人固有的文化属性、态度，但由于书法景观的关联效应，不可避免地仍然受到场所环境的影响。书法文化认同受到环境刺激的显著影响（$\lambda_{厦门}=0.529$，$p<0.001$；$\lambda_{镇江}=0.518$，$p<0.001$），该结论在一定程度上与环境美学专家学者认为的"环境除了作为一种日常生活背景影响着景观的认同，还作为一种短暂环境刺激着游客对景观的认同和体验"（阿诺德·伯林特，2006）的观点一致。同时，书法文化认同受到个体社会属性和书法属性的双重影响，正如有学者认为城市文化景观的感知受到不同跨文化群体属性的影响而产生不同的文化认同（蔡晓梅、朱竑，2012）。本研究中，书法文化自豪感受到书法爱好、性别及受教育程度的影响具有显著性差异；书法文化归属感在书法练习史、书法爱好、性别及受教育程度上差异性显著；书法文化依恋感仅受年参观次数的影响而表现出差异性（表 6-8）。

（4）书法文化认同具有一定的空间分异规律。书法文化认同感知均值在空间上表现出一定的距离递减规律，虽然在递减方向和递减速率上有所不同，且在不同类型书法景观场所表现略有差异。周永博（2012）等在研究苏州园林的旅游意象省内空间格局时指出该空间格局受到文化分区一定的影响，可以理解为是由文化区内部文化特征的认同情况不一导致的。因此，我们也可以理解为游客的文化认同会根据自己所处的惯常环境的差异而产生空间上的规律性。其中，无论是厦门还是镇江的抽样数据，其核密度和 IDW 分析结果均显示：Ⅰ、Ⅱ级核心区呈带状分布在京—沪、沪—渝沿线，且分别向两侧密度递减，一定程度上间接表明旅游地游客的文化认同程度高低与游客出行便捷度及旅游线路等有一定关系；就递减速率而言，厦门抽样数据较慢（图 6-9a，图 6-9b），表明厦门作为全国著名的旅游城市，其客源市场地域较广，且并未完全受到邻近效应的影响。同时,游客书法文化认同的Ⅰ级核心区并未出现在厦门所在省份,而镇江抽样数据中邻近江苏的安徽、山东、浙江等省份均在Ⅰ级核心区内,可能是由于现行节假日制度对游客出行决策有了一定的限制,使得出行空间多具邻近效应,当然,该现象可能会因为旅游地的知名程度而产生变化。

第7章 书法景观地方感的特征及其作用机制

通过上述章节的文献梳理,本研究发现地方感的形成受到诸如文化背景、景观审美以及景观所在环境的刺激影响,进而表现出不同的特征,如文化的、审美的、功能的等。书法景观营造的特殊场所环境能够对个体地方感特征产生前向作用机制(外部主客观刺激)的影响,并产生一系列的后向结果(个体行为特征),加之地方感的内部特征,我们暂且称之为书法景观的"三七式""刺激-反应"作用机制,即三个层次、七个方面——环境刺激的游客感知、书法文化认同、书法景观审美评价以及书法景观地方感、满意度、忠诚度与承诺。其中,地方感作为符号交互理论中书法景观的地方意义具有解释人与符号景观相互关系的作用而存在于主客观"刺激"与"反应"之间。

7.1 研究假设

地方感是一种情感化的物质空间,因此势必受到环境感知/认知的影响,如 Hay 在调查不同地理和社会环境地方感的差异性时指出地理空间依赖性对于地方感的形成具有重要作用(Hay,1998),可见地方感与环境的密切关系。随后的一些学者也直接或间接地对两者之间的关系进行了研究,如 Relph 早在 1976 年研究地方感概念模型之时便将环境/背景作为构成地方感的重要因素之一(Relph,1976)。接着,Steele 将环境区分为物质环境和社会环境两种来构建地方感因子模型,该模型表明地方感可以认为是环境刺激个体从而在心理上产生的一种特殊感受(Steele,1981)。随后,Zube 则将环境刺激作用结合景观交互理论构建了人与景观相互作用产生的"景观感"模型,并认为"景观感"对环境和人具有一个反馈作用机制(Zube, Sell & Taylor, 1982)。之后,随着地方感模型的不断完善,环境因素被考虑得越来越完善和全面,Grene(1980)更是在"二分法"基础上注意到管理环境在地方感形成过程中的作用。

综上所述,地方既是一个物理意义上的环境,也是具有一定象征性的环境。有学者运用象征交互理论构建地方的社会意义,并指出人与物质环境之间的意义联系是交互作用的产品,个人、环境和社会交互(社会关系之类的)缺一不可(Hay, 1998)。Kyle 和 Chick 也认为地方意义(地方感)的形成离不开物理环境和社会环境,物理环境和社会环境共同促进人们对地方的依赖和感知(Kyle & Chick, 2007)。在一定语境下,管理环境与服务环境语义相当,如节事旅游过程及消费过程中,众多学者将服务环境作为环境刺激的三大维度之一,能够在一定程度上引起顾客情绪和行为上的反应,同时,也是游客产生地方感的直接刺激。管理环境等被有的学者(Grene, 1980)认为是促进人与环境相互作用并产生地方感的重要组成构件。他同时指出,社会环境作为情感产生的重要支撑,是造就人与地方联结的决定性基础,若没有社会环境,单纯的物质环境很难唤起人们的地方感。

H$_{12}$:环境刺激游客感知对其地方感的形成具有积极的正向影响

从地方感的定义上可以理解地方与情感之间的密切关系,地方概念研究之初,Wright 和 Kirtland 首创敬地情结(geopiety),用以描述人对自然环境或地理空间产生的深切敬重之意(Wright & Kirtland, 1966)。随后,Tuan 将人与特定地方之间的关系视为一种"爱恋",将人与物质环境之间的纽带称作"恋地情结"(Tuan, 1974)。无论哪种概念,都是将地方感视为一种情感和思想的表达,正如 Shamai 将地方感描述为具有不同层次的感觉和行为集合体,其中便包括依恋(Shamai, 1991)。可以看出,情感对于地方感来讲有着密切的关联,而审美不能不说也是一种情感的表征,故我们可以认为主观审美会对地方感的产生具有一定的影响作用。

众所周知,景观同自然环境一样受到人类活动强烈的干扰,进而引起了不同公众团体对景观产生不同的审美评价(Kaltenborn & Bjerk, 2002)。这种对物质环境的留恋或认同其实很大程度上是对家庭、人或事情的一种留恋,是地方感的维度表述。因此,在一定程度上,个体对物理景观的审美评价是一种社会交互作用的产物。随后,Mcandrew 明确表态,景观或自然环境正在用它们自己的方式作用于地方,且这种方式只有被个体感知才能形成特征迥异的地方感(Mcandrew,1998)。对应地,众多学者认为人们对地方的依恋、感知很多时候既可以反映在对自然环境诸如河流、山川、村庄的喜好上,也反映在对某些社会关系的审美评价上(Hay,1998;Kaltenborn,1997)。Kaltenborn等人在研究人们对自然景观类型的审美偏好时采用了主观排序的方法判断和划分出了不同群体的审美评价模式,此判断表现了人们对特定场所自然景观的一种与地方依恋、感知相关的认同关联,且这种关联是日积月累的结果,判定依据是人与当地景观的一种相互作用关系(Kaltenborn & Bjerke,2002)。该结果也说明了景观审美评价能够在一定程度上表征地方依恋或感知。

H₁₃:游客的景观审美评价对其地方感具有积极的正向影响

有研究表明诸多文化在地方意义形成过程中起到了关键性的作用(曾国军等,2013),重新被诠释的文化同时也产生了新的地方意义。此外,地方意义的建构和流变也受到文化的影响(Cook,et al.,2011),而已有地方感研究往往将个体对地方文化的态度和感知作为其重要的组成部分。例如,唐文跃在研究九寨沟游客地方感的特征时便有意将当地的社会文化纳入地方感的框架,其测量语义项诸如"有着历史悠久的地方文化""居民的生活方式独特"等都是从"他者"角度感知,并未涉及文化认同中强调的"自我"文化的态度。因此,虽然在地方感的特征中加入了文化属性,仍然是在地方的范畴内研究"他者"文化的态度,并未跳出地方框架上升到文化的层面。

当然,我们也可以将某种文化视为特定地方的附属产物,文化在很多情况下受到地方的影响才得到认同和赞许,进而产生独特的地方感,如张捷在定义书法景观时便指出其本质是能够形成独特地方感的场所环境。然而,在众多的社会学研究中,文化的认同并未受限于某一特定地方,是一种根植于群体性的文化结构和特征的倾向性共识与认可。一些能够凸显特色文化的景观或物质存在能够唤起对地方的认同和依恋,形成地方感,例如,梁增贤、保继刚等认为获得主流社会阶层广泛的认同的中国传统文化时尚,通过一系列的文化元素构建起地方意义,进而形成具有多维特性的民族地方感(梁增贤、保继刚,2015)。

H₁₄：书法文化的游客认同对其地方感具有积极的正向影响

根据已有研究(Lee，2014;Lee & Kyle，2011)，趋向行为主要涉及满意度、承诺和忠诚度。在游客地方感的相关研究中，众多学者也将满意度和忠诚度作为地方感产生的行为结果，Hummon 更是将社区情感视为一种地方感，包涵了依恋、满意和认同(Hummon，1992)。在众多学者的研究中，地方依恋是个体承诺的一种表现，意味着个人的地方观点，涉及情感和行为承诺两种类型(Pretty，Chipuer & Bramston，2003;O'Brien，Dzhusupov & Kudaibergenova，2012)。

西方学者开展了众多关于地方认同造成的行为影响的研究。例如，Hernández 等发现，地方认同会影响人们对当地环境行为(Hernández, et al.，2007)。Rosenbaum 等的研究表明，少数民族消费者更愿意去熟悉的场景购物，对这些场所具有较高的地方认同，进而会促进再次消费行为的产生(Rosenbaum & Montoya，2007)。Fleury-Bahi 等人则认为，地方认同对居住满意度有显著的正向预测作用(Fleury-Bahi，Félonneau & Marchand，2008)。而与地方感息息相关的另外一个地方概念——地方依恋，也有许多学者(Pretty，Chipuer & Bramston，2003;O'Brien，Dzhusupov & Kudaibergenova，2012;马骞，2010)对其与个人行为之间的关系进行了深入研究。Pretty 等认为承诺是一种地方依恋，而一些学者则认为个体产生的地方依恋对承诺和忠诚度均存在一定的积极显著影响。例如有学者在构建西安回民巷游客地方感满意度和忠诚度关系概念模型的过程中将地方感分为熟悉感、归属、认同、依赖、承诺五个维度，每一个维度对于忠诚的影响不尽相同(马骞，2010)。

除此之外，O'Brien 等同样认为地方感应该从不同的层次进行理解，他们将地方感描述为多层次、多维度的结构组合，如信仰、情感和行为承诺，并且实证了态度方法比那些不区分认知、情感、意愿维度的方法更能反映地方感的地方体验和地方属性之间的关系(O'Brien，Dzhusupov & Kudaibergenova，2012)，此处的承诺被理解为一种意愿。因此，从某种意义上讲，地方感就是行为承诺发生的充分条件。个体对特定地方的地方感越强烈，自豪、归属和认同的感觉越发强烈，由此便会产生积极的行为意愿和承诺，并有利于本地化物质环境的保护，不至于被随意损毁和破坏(O'Brien，Dzhusupov & Kudaibergenova，2012)。具体假设关系及概念模型(图 7-1)如下：

H_15:书法景观文化旅游地游客地方感对其趋向反应具有显著正向影响

H_{15-1}:书法景观文化旅游地游客地方感对其满意度具有显著正向
影响

H_{15-2}:书法景观文化旅游地游客地方感对其行为承诺具有显著正向
影响

H_{15-3}:书法景观文化旅游地游客地方感对其行为忠诚具有显著正向
影响

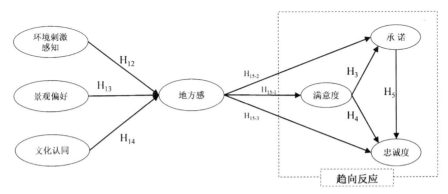

图 7-1   游客感知的 SE-CLA-CCI-SOPAR 概念模型

7.2   测量指标选取与设计

在借鉴四个概念模型及 Lynch 研究的基础上,结合个体偏好,Bott 设计了一个基于心理测量的包括自然环境、文化环境、情感因子和功能因子在内的量表,研究了人工环境内的个体地方感。由于心理学量表的复杂性,Bott 用了将近 300 个的测量语义项,这种级别的数量的量表很难被广泛地应用于社会学领域的相关研究。唐文跃在《旅游地地方感研究》一书中强调对西方学者关于地方感的研究结果的引进过程中应该结合研究实际修改量表,避免一味照搬(唐文跃,2013)。地方感本身就是一个具有时空动态性的概念,因此,有学者对此量表进行了简化,唐文跃在研究九寨沟自然风景区游客地方感时指出可以从社会人文感知、自然风景欣赏、情感依恋和旅游功能等四个维度进行测量(唐文跃等,2007)。随后,考虑到书法景观这样一个特殊的审美对象,肖潇等在研究石门十三品时认为书法景观的地方感的形成受到游客情感与社会环境、书法环境、管理环境等环境因子之间相互作用的影响,于是,设计了包括书法景观的社会文化、情感依恋、原真性及功能四大维度的 14 个测量语义项,并认为书法景观具有一定的审美功能(肖潇等,2012)。但是他们的研究成果忽略了书法景观与所在环境的关系,即书法景观的游客审美体验并不单单是针对书法景观本身,也有书法景观与所在环境的相互作用关系的存在,该存在一定程度上决定了个体的审美判断。

最终,本研究结合 Bott 在 2002 年提出的维度划分(图 7-2),以及唐文跃关于九寨沟旅游地方感、肖潇关于书法景观地方感的维度研究成果,初步确定了文化旅游目的地书法景观游客地方感四个维度:自然环境维度、社会环境维度、情感依恋维度以及功能认知维度。其中,自然环境维度从环境美学关于景观与环境关系的观点出发,并考虑书法景观的审美属性,着重探究特定书法景观场所内游客对书法景观的审美判断,同时也涉及书法景观对周围环境的美化作用,如"书法景观让这里的自然山水更美",因此,也可称之为环境审美维度或审美体验维度。具体测量指标及出处详见表 7-1。

图 7-2　Bott 地方感量表模型(资料来源:Bott,2002)

表 7-1　书法景观游客地方感问卷设计及来源

维度	测量语义项	参考文献(部分)
审美体验	这里的 *** 书写风格容易辨识	Qi,Yang & Zhang(2013)
	这里的 *** 内容简单易懂	Qi,Yang & Zhang(2013)
	*** 让这里的自然山水更美	书法景观审美属性和专家建议增加
	这里的 *** 让我联想到书法文化	Qi,Yang & Zhang(2013)
	*** 让这里更有趣味	Qi,Yang & Zhang(2013);张捷(2011a)

续　表

维度	测量语义项	参考文献(部分)
功能认知	这次旅游让我增长知识	唐文跃等(2007);Qi,Yang & Zhang(2013)
	这次旅游超过了我的旅游预期	唐文跃等(2007);肖潇等(2012)
	这里的 *** 增加了我的知识	唐文跃等(2007);Qi,Yang & Zhang(2013)
	这里的 *** 提高了我的审美水平	肖潇等(2012)
社会文化	这里的 *** 很有文化内涵	肖潇等(2012);Qi,Yang & Zhang(2013)
	这里的 *** 与周围环境相协调	Qi,Yang & Zhang(2013);
	这里的 *** 很有艺术氛围	肖潇等(2012)
	这里的 *** 体现了书法美感	肖潇等(2012)
情感依恋	这里的 *** 是独一无二的	肖潇等(2012)
	这里的 *** 是历史悠久的	唐文跃(2007)
	这里的 *** 是令人难忘的	肖潇等(2012)
	这里的 *** 是神圣的	肖潇等(2012)

7.3　研究结果

7.3.1　探索性因子分析

厦门书法广场数据的 EFA 结果表明,克朗巴哈系数在 $0.822\sim0.854(>0.60)$,"总体-相关"系数的取值范围为 $0.602\sim0.736$,说明数据的整体信度符合 EFA 的要求。巴氏球形卡方检验近似值及 KMO 分别为 $4984.97(p<0.05)$ 和 $0.930(\geqslant0.60)$,两者都对相关矩阵不是单元矩阵的假设给出了拒绝结果,说明数据的结构适合进行 EFA(表 7-2)。因为 SP_4 在两个公因子上的载荷绝对值都 >0.5,因此将其删除。删除后的各项因子变量均隶属于一个公因子,且大部分测量语义项因子载荷均有所提高(表 7-2)。对镇江焦山碑林的数据的 EFA 结果表明,克朗巴哈系数在 $0.839\sim0.875(>0.60)$,"总体-相关"系数的取值范围为 0.665～0.753(＞0.30)，说明数据的整体信度符合 EFA 的要求。巴氏球形卡方检验近似值及 KMO 分别为 5221.39($p < 0.05$)和 0.956(≥0.60)，两者都对相关矩阵不是单元矩阵的假设给出了拒绝结果，说明数据的结构适合进行 EFA(表 7-3)。与厦门书法广场不同的是 SP_3 在其中两个公因子上的载荷绝对值全都大于 0.5，因此将其删除。删除后的各因子变量均隶属于一个公因子，同样的，大部分测量语义项因子载荷均有所提高(表 7-3)。

虽然两地的审美体验维度中有一个测量语义项不同，但整体上都可以划分为四个公因子：第一个主要涉及对案例地书法景观的游客审美体验，从内容上看可以简单分为内在审美特征感知(如对书法景观表现的书法风格及内容的判断)和外延式审美特征感知(如对书法景观与自然环境审美作用的看法)；第二个是与场所功能上的认知相关的，涉及旅游功能(如对探索欲望及旅游期望的对比判断)和艺术功能(如对增加书法知识和提高审美水平的认知)；第三个是与场所书法景观社会文化相关的，主要指联想到书法文化、书法景观让场所更有趣等内容；第四个涉及游客对书法景观的一种情感上的认同和依恋，包括对书法景观历史性的感知、唯一性、神秘性以及难忘等情感表达。

对比不同维度整体均值可以发现(图 7-3、图 7-4)，无论是现代型的厦门书法广场还是传统型的焦山碑林，游客的社会文化感知($M_{厦门}$＝3.993；$M_{镇江}$＝4.275)是最主要的书法景观场所地方感内容，而厦门数据中感知均值最小的为情感依恋($M_{厦门}$＝3.562)，相比之下，镇江数据中则为功能认知均值最小($M_{镇江}$＝4.025)。一方面，说明无论是作为消费对象还是作为旅游体验对象，书法景观带给人们最主要的感知就是与社会文化相关的内容，恰恰也是书法景观文化属性表征的体现；另一方面，地方感的维度最小值在两类书法景观场所有所差异可能反映了镇江焦山碑林功能上存在一定缺失。由于功能认知主要是从旅游功能、审美功能两方面进行设计的，因此，本研究对其展开对比分析发现，镇江焦山碑林的审美功能低于厦门书法广场，相反地，其旅游功能认知均值却大于厦门书法广场。

表 7-2 厦门书法广场游客地方感因子分析结果

题项	审美体验	功能认知	社会文化	情感依恋	均值	方差	总体相关系数
SP$_1$	0.817(0.814)				3.671	0.738	0.669
SP$_2$	0.826(0.811)				3.581	0.802	0.652
SP$_4$	(0.558)	(0.192)	(0.530)	(0.199)	3.924	0.656	—
SP$_5$	0.522(0.547)				3.941	0.733	0.602
SP$_{16}$		0.774(0.777)			3.718	0.801	0.657
SP$_{14}$		0.746(0.745)			3.747	0.856	0.688
SP$_{17}$		0.699(0.697)			3.803	0.754	0.662
SP$_{15}$		0.688(0.675)			3.693	0.781	0.736
SP$_9$			0.778(0.779)		4.029	0.617	0.694
SP$_8$			0.766(0.764)		4.020	0.561	0.726
SP$_7$			0.758(0.754)		4.002	0.645	0.697
SP$_6$			0.711(0.707)		3.924	0.703	0.666
SP$_3$			0.656(0.639)		3.992	0.716	0.733
SP$_{11}$				0.830(0.829)	3.419	0.965	0.723
SP$_{10}$				0.762(0.761)	3.504	0.948	0.669
SP$_{12}$				0.732(0.731)	3.632	0.995	0.657
SP$_{13}$				0.591(0.59)	3.694	0.828	0.658
特征值	0.948	1.453	7.488	1.176			
方差贡献率(%)	5.927	9.084	46.802	7.347			
Cronbach' α	0.822	0.847	0.853	0.854			

巴氏球形检验卡方近似值:4984.97(p<0.05);KMO:0.930>0.6

表 7-3 镇江焦山碑林游客地方感因子分析结果

题项	审美体验	功能认知	社会文化	情感依恋	均值	方差	总体相关系数
SP$_2$	0.767(0.775)				4.196	0.625	0.749
SP$_1$	0.740(0.744)				4.260	0.689	0.731
SP$_4$	0.683(0.687)				4.280	0.694	0.727
SP$_5$	0.608(0.61)				4.225	0.666	0.719
SP$_3$	(0.551)	(0.220)	(0.502)	(0.163)	4.206	0.619	—

续　表

题项	审美体验	功能认知	社会文化	情感依恋	均值	方差	总体相关系数
SP_{16}		0.787(0.787)			4.082	0.700	0.731
SP_{14}		0.783(0.781)			3.979	0.830	0.725
SP_{17}		0.771(0.77)			4.085	0.772	0.734
SP_{15}		0.766(0.765)			3.953	0.835	0.727
SP_6			0.751(0.743)		4.270	0.623	0.710
SP_7			0.733(0.723)		4.212	0.680	0.705
SP_8			0.627(0.62)		4.272	0.620	0.753
SP_9			0.614(0.597)		4.346	0.615	0.692
SP_{12}				0.763(0.763)	4.293	0.612	0.673
SP_{11}				0.761(0.758)	4.070	0.830	0.675
SP_{10}				0.744(0.745)	4.082	0.931	0.684
SP_{13}				0.542(0.544)	4.165	0.737	0.665
特征值	8.446	1.496	1.012	0.553			
方差贡献率(%)	52.790	9.352	6.322	3.458			
Cronbach' α	0.875	0.873	0.866	0.839			

巴氏球形检验卡方近似值:5221.39(p<0.05);KMO:0.956>0.6

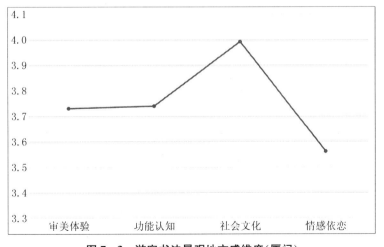

图 7-3　游客书法景观地方感维度(厦门)

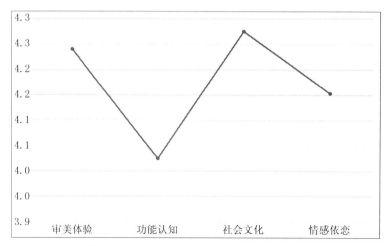

图 7 - 4　游客书法景观地方感维度(镇江)

7.3.2　模型测量

SEM 具体利用 AMOS 18.0 进行两步法检验模型适配性分析。首先采用 CFA 检验潜在结构能否形成稳定的测量模型,用因子载荷(SFL)、组合信度(CR)和平均变异数抽取量(AVE)检测。厦门(镇江)数据 CFA 检测结果表明(表7 - 4、表 7 - 5):SFL 取值在 0.534～0.947(0.711～0.964);潜在结构变量 CR 取值在 0.818～0.918(0.874～0.929),反映量表内部具有较高的异质性;AVE 取值在 0.477～0.717(0.617～0.766),表明模型中的测量变量的平均解释能力较强。各类判定指标基本满足要求,说明假设结构方程模型具有一定的稳定性,可以进行模型测量检验。其次,采用绝对适配指数、相对适配指数和过度适配指数进行结构方程模型初检验。其中,χ^2/d_f 数值门槛介于 2 到 5 之间。厦门书法广场初始测量模型仅有两项绝对适配指数($\chi^2/d_f =$ 2.935,$RMSEA = 0.058 < 0.08$)和全部过度适配指数($PGFI = 0.728 > 0.5$;$PNFI = 0.759 > 0.5$;$PCFI = 0.814 > 0.5$)符合标准,有一多半的指数不符合标准,需进行模型修正。同样的,镇江焦山碑林初始测量模型同样仅有两项绝对适配指数($\chi^2/d_f = 2.431$,$RMSEA = 0.054 < 0.08$)和全部比较适配指数($PGFI = 0.713 > 0.5$;$PNFI = 0.778 > 0.5$;$PCFI = 0.841 > 0.5$)符合标准,需要对其进行适当的修正。

表 7 - 4　厦门书法广场游客感知的 SE - CLA - CCI - SOPAR 模型 CFA 结果

	SAT					COM					LOY			
	AS₁	AS₂	AS₃	AS₄	AS₁₁	AS₆	AS₇	AS₈	AS₉	AS₁₄	AS₅	AS₁₀	AS₁₂	AS₁₃
SFL	0.683	0.839	0.846	0.886	0.889	0.735	0.828	0.901	0.862	0.763	0.788	0.808	0.889	0.896
AVE	0.692					0.673					0.717			
CR	0.918					0.911					0.910			

	ES			LA					CI			SOP			
	ATM	LAY	COE	LA₁	LA₂	LA₃	LA₄	LA₅	CBE	CPR	CAT	SPE	SPA	SPC	SPF
SFL	0.756	0.947	0.738	0.785	0.638	0.746	0.721	0.534	0.606	0.947	0.809	0.821	0.848	0.867	0.754
AVE	0.671			0.477					0.640			0.678			
CR	0.858			0.818					0.838			0.894			

表 7 - 5　镇江焦山碑林游客感知的 SE - CLA - CCI - SOPAR 模型 CFA 结果

	SAT					COM				LOY				
	AS₁	AS₂	AS₃	AS₄	AS₁₁	AS₆	AS₇	AS₈	AS₉	AS₅	AS₁₀	AS₁₂	AS₁₃	AS₁₄
SFL	0.750	0.838	0.837	0.854	0.711	0.766	0.875	0.847	0.826	0.807	0.718	0.854	0.863	0.768
AVE	0.640					0.688				0.646				
CR	0.898					0.898				0.901				

	ES			LA					CI			SOP			
	ATM	LAY	COE	LA₁	LA₂	LA₃	LA₄	LA₅	CBE	CPR	CAT	SPE	SPA	SPC	SPF
SFL	0.858	0.856	0.856	0.772	0.813	0.804	0.712	0.821	0.711	0.941	0.843	0.824	0.964	0.751	0.945
AVE	0.734			0.617					0.701			0.766			
CR	0.892			0.889					0.874			0.929			

7.3.3　模型修正

厦门和镇江书法景观结构方程模型修正均以 Modification Indice 为原则兼顾一般规律。其中,厦门书法广场测量模型释放潜变量"a6(这里的各类设施很容易找到)"与"a9(这里文字解说很有用)"、"d1(我愿意再来参观这里的书法石刻)"与"d4(我再参观书法石刻会先考虑这里)"、"b2(书法石刻让这里更有文化氛围)"与"f3(书法石刻让这里更有文化内涵)"之间的相关关系。镇江焦山碑林修正模型释放潜变量"b4(这里的书法石刻很有趣味)"与"g10(我

喜欢书法文化胜过其他文化)"、"d1(我愿意再来参观这里的书法石刻)"与"c3
(参观这里的书法石刻我很享受)"、"f3(书法石刻让这里更有文化内涵)"与"f8
(这里的书法石刻让我联想到书法文化)"及"a8(这里所在位置很容易找到)"与
"a9(这里的文字解说很有用)"之间的相关关系。修正后模型与假设模型相比，
虽仍有个别指数未满足要求，但拟合指数数值上有所增加(表7-6、表7-7)。

表7-6　厦门书法广场 SE-CLA-CCI-SOPAR 模型拟合指数

拟合指数	绝对适配指数				相对适配指数				过度适配指数		
	χ^2/d_f	GFI	AGFI	RMSEA	IFI	TLI	CFI	NFI	PGFI	PNFI	PCFI
初始模型	2.977	0.79	0.772	0.058	0.854	0.846	0.853	0.795	0.728	0.759	0.814
修正模型	2.301	0.819	0.803	0.047	0.904	0.899	0.904	0.842	0.753	0.801	0.859
标准	2~5	>0.9	>0.9	<0.08	>0.9	>0.9	>0.9	>0.9	>0.5	>0.5	>0.5

表7-7　镇江焦山碑林 SE-CLA-CCI-SOPAR 模型拟合指数

拟合指数	绝对适配指数				相对适配指数				过度适配指数		
	χ^2/d_f	GFI	AGFI	RMSEA	IFI	TLI	CFI	NFI	PGFI	PNFI	PCFI
初始模型	2.431	0.773	0.754	0.054	0.882	0.876	0.882	0.815	0.713	0.778	0.841
修正模型	2.237	0.794	0.776	0.051	0.901	0.896	0.901	0.835	0.729	0.793	0.856
标　准	2~5	>0.9	>0.9	<0.08	>0.9	>0.9	>0.9	>0.9	>0.5	>0.5	>0.5

图7-5、图7-6及表7-8中路径中具有 * 标记的系数(λ)表示假设关系
在95%的置信区内成立。研究发现：① 无论是哪种书法景观场所，书法景观
形成的地方感均受到环境刺激游客感知($\lambda_{厦门}=0.400,p<0.001;\lambda_{镇江}=$
$0.393,p<0.001$)、景观审美评价($\lambda_{厦门}=0.560,p<0.001;\lambda_{镇江}=0.313,p<$
0.001)及书法文化认同($\lambda_{厦门}=0.067,p<0.05;\lambda_{镇江}=0.363,p<0.001$)的显
著影响，就影响强度而言，厦门数据中对地方感影响最大的是景观审美评价，
而镇江数据中则是环境刺激。② 整体上讲，地方感与趋向反应之间具有积极
的正向相关关系。在厦门游客数据中，地方感对满意度($\lambda_{厦门}=0.760,p<$
0.001)、承诺($\lambda_{厦门}=0.406,p<0.001$)及忠诚度($\lambda_{厦门}=0.361,p<0.001$)都具
有显著的影响，而在镇江游客数据中，书法景观地方感并未对游客忠诚度产
生显著影响($\lambda_{镇江}=0.026,p>0.05$)。③ 两个案例地书法景观游客感知的趋

向反应内部维度之间均具有积极的正向相关关系,其中满意度均能够对承诺
($\lambda_{厦门}=0.368, p<0.001; \lambda_{镇江}=0.577, p<0.001$)、忠诚度($\lambda_{厦门}=0.127, p<0.05; \lambda_{镇江}=0.287, p<0.001$)产生积极的正向影响,且游客承诺也均对忠诚度产生了积极的正向影响($\lambda_{厦门}=0.435, p<0.001; \lambda_{镇江}=0.693, p<0.001$)。

表 7-8　游客感知的 SE-CLA-CCI-SOPAR 模型假设模型路径系数及显著性统计表

案例地	H₃	H₄	H₅	H₁₂	H₁₃
厦门书法广场	0.368***	0.127*	0.435***	0.400***	0.560***
镇江焦山碑林	0.577***	0.287***	0.693***	0.393***	0.313***

案例地	H₁₄	H₁₅		
		H₁₅₋₁	H₁₅₋₂	H₁₅₋₃
厦门书法广场	0.067*	0.760***	0.406***	0.361***
镇江焦山碑林	0.363***	0.729***	0.143*	0.026

注释:*(**)表示假设关系在 0.05(0.01)水平上显著;*** 表示在 0.001 水平上显著。

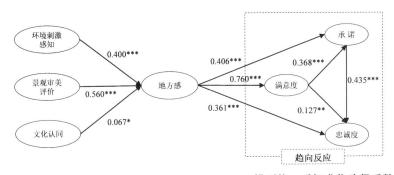

图 7-5　厦门书法广场 SE-CLA-CCI-SOPAR 模型修正后标准化路径系数

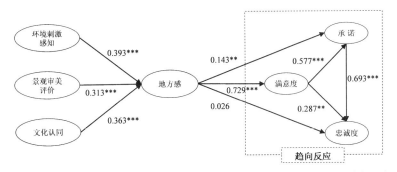

图 7-6　镇江焦山碑林 SE-CLA-CCI-SOPAR 模型修正后标准化路径系数

7.3.4 书法景观游客地方感差异性研究

（1）书法景观游客地方感的个体属性差异性分析

有学者在研究扬州瘦西湖游客参观后地方感的差异性时，通过非参数检验分析了四个地方感的维度均值在不同游客属性特征及出游行为上的差异，结果表明地方感的不同维度所受到的个体属性的影响存在一定差异（李芬，2012）。同时，其他许多学者也通过不通的研究案例表明了书法景观或其他文化景观形成的地方感受到个体属性不同水平的影响（汪芳、黄晓辉、俞曦，2009；唐文跃等，2007；肖潇等，2012；唐文跃，2013；Herbert，2001；陈亚颦、徐丽娇，2013；Jorgensen & Stedman，2006）。

利用非参数检验分析游客书法属性及人口社会统计属性中的性别、年龄、职业、月收入和教育程度对其书法景观地方感的影响。书法练习史、书法欣赏习惯、书法爱好及性别的 Mann-Whitney U 检验和年参展次数、年龄、职业、月收入以及受教育程度的 Kruskal-Wallis H 检验结果表明：书法练习史、书法欣赏习惯、书法爱好及年参展次数等个体书法属性在不同程度上影响游客书法景观地方感的不同维度，而个体社会属性也会在一定程度上对书法景观地方感产生显著差异影响（表 7-9）。其中，审美体验受到社会属性的影响而表现出一定的差异性，且在书法练习史（$Z_{厦门}=-2.190$，$p<0.05$；$Z_{镇江}=-3.818$，$p<0.001$）和年龄（$\chi^2_{厦门}=13.050$，$p<0.05$；$\chi^2_{镇江}=11.980$，$p<0.05$）上具有显著差异的地域一致性；功能认知受到书法爱好（$Z_{镇江}=-2.319$，$p<0.05$）和职业（$\chi^2_{厦门}=18.374$，$p<0.05$）的影响而表现出显著性差异，且存在地域差异性；社会文化仅在镇江抽样数据中受到书法练习史（$Z_{镇江}=-2.039$，$p<0.05$）和年参展次数（$\chi^2_{镇江}=12.054$，$p<0.05$）的影响而表现出一定的显著性差异，且存在地域一致性；情感依恋在书法练习史（$Z_{厦门}=-2.598$，$p<0.01$；$Z_{镇江}=-2.037$，$p<0.05$）、书法爱好（$Z_{镇江}=-2.318$，$p<0.05$）、性别（$Z_{镇江}=-2.579$，$p<0.01$）、年龄（$\chi^2_{镇江}=16.359$，$p<0.01$）、职业（$\chi^2_{厦门}=20.759$，$p<0.05$）及受教育程度（$\chi^2_{厦门}=12.641$，$p<0.05$）上表现出显著性差异，仅在书法练习史上表现出显著性差异的地域一致性。

表 7 - 9　游客书法景观地方感组别差异

	统计指数	组别	审美体验	功能认知	社会文化	情感依恋
厦门	Z	书法练习史	−2.190	−1.254	−1.051	−2.598
	Monte Carlo 显著性		0.029*	0.210	0.293	0.009**
镇江	Z		−3.818	−1.850	−2.039	−2.037
	Monte Carlo 显著性		0.000***	0.064	0.041*	0.042*
厦门	Z	书法爱好	−1.344	−0.810	−0.921	−0.928
	Monte Carlo 显著性		0.179	0.418	0.357	0.353
镇江	Z		−3.094	−2.319	−1.781	−2.318
	Monte Carlo 显著性		0.002**	0.020*	0.075	0.020*
厦门	Z	性别	−1.662	−0.513	−0.253	−0.735
	Monte Carlo 显著性		0.097	0.608	0.800	0.462
镇江	Z		−0.542	−0.751	−0.775	−2.579
	Monte Carlo 显著性		0.588	0.452	0.438	0.010**
厦门	卡方	年龄/岁	13.050	6.503	7.153	5.678
	Monte Carlo 显著性		0.011*	0.165	0.128	0.224
镇江	卡方		11.980	9.103	8.157	16.359
	Monte Carlo 显著性		0.018*	0.059	0.086	0.003**
厦门	卡方	职业	15.308	18.374	12.568	20.759
	Monte Carlo 显著性		0.121	0.049*	0.249	0.023*
镇江	卡方		23.523	14.146	11.664	16.831
	Monte Carlo 显著性		0.009**	0.166	0.308	0.078
厦门	卡方	受教育程度	2.809	3.549	4.406	12.641
	Monte Carlo 显著性		0.590	0.470	0.354	0.013*
镇江	卡方		4.492	5.520	3.782	5.239
	Monte Carlo 显著性		0.343	0.238	0.436	0.264

	统计指数	组别	审美体验	功能认知	社会文化	情感依恋
厦门	卡方	月收入/元	8.357	3.474	2.715	2.129
	Monte Carlo 显著性		0.079	0.482	0.607	0.712
镇江	卡方		7.238	1.079	3.287	3.932
	Monte Carlo 显著性		0.124	0.898	0.511	0.415
厦门	卡方	年参展次数	3.592	1.096	5.980	7.294
	Monte Carlo 显著性		0.464	0.895	0.201	0.121
镇江	卡方		11.434	5.881	12.054	7.541
	Monte Carlo 显著性		0.022*	0.208	0.017*	0.110

注释：*（**）表示一致性检验在 0.05（0.01）水平（双侧检验）上显著；*** 则表示在 0.001 水平上显著。

(2) 书法景观游客地方感的空间差异性探索

有学者在研究九寨沟风景区游客地方感时从地方认同和地方依赖两个侧面进行诠释，其研究结果表明无论是地方认同还是地方依赖，在全国尺度上均表现出一定的距离衰减规律，虽然在衰减方向和速率上有差异，并指出造成这种空间分异规律的一个重要原因就是客源地之间的文化差异导致了游客对目的地的文化认同有偏差（肖潇，2013）。也有学者以出行线路为依据，通过复杂的计算模型绘制了展示城市居民地方感空间形态的示意图，并指出地方感具有以日常出行线路为中心的感知分异规律（Zia，et al.，2014）。

通过核密度分析可知，两个案例地的游客地方感均呈现"哑铃状"空间分布形态，它们的Ⅰ、Ⅱ级密度核心区零星分布在京津冀、长三角地区，而东北和西南的部分区域则集聚着Ⅰ、Ⅱ级的密度边缘区（图 7 - 7a、图 7 - 7b）。IDW 分析结果显示，游客地方感均值在空间上都表现出一定的距离递减规律，在递减方向和递减速率上有所不同，在不同类型书法景观场所表现略有差异。例如，厦门数据中显示向西和东南方向递减明显，速率远小于镇江（图 7 - 8a）；而镇江数据中则向西北、东南方向递减明显，递减速率较大（图 7 - 8b）。

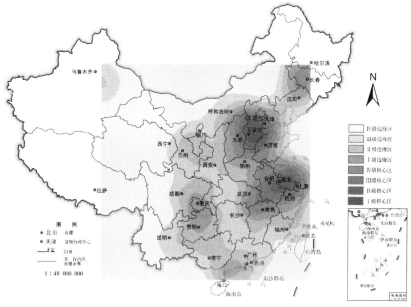

a. 厦门

审图号:GS(2019)1823 号　自然资源部监制

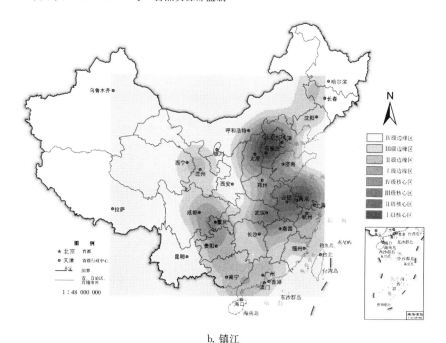

b. 镇江

图 7 - 7　游客书法景观场所地方感的核密度对比分析图

审图号:GS(2019)1823 号　自然资源部监制

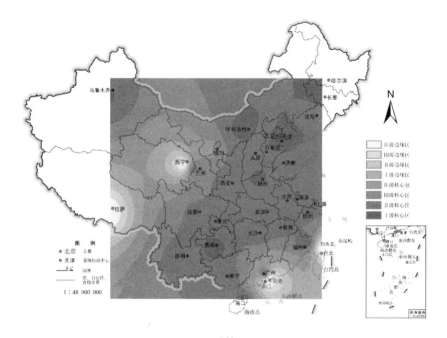

a. 厦门

审图号:GS(2019)1823 号　自然资源部监制

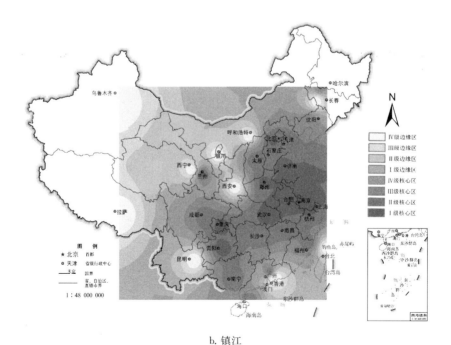

b. 镇江

图 7-8　游客书法景观地方感的 IDW 对比分析图

审图号:GS(2019)1823 号　自然资源部监制

7.4　本章小结

（1）书法景观场所游客地方感可以从审美体验、功能认知、社会文化、情感依恋四个方面去理解。地方感的形成中环境刺激及景观审美评价的作用较大，而书法文化认同的作用则相对较小。景观审美评价和书法文化认同既与短暂的环境刺激有关，又与个人长期的惯常环境经验、社会文化背景等有关，因此，可以说地方感既受到长期作用因素又受到短暂刺激因素影响。换言之，地方感既可以在短暂性非惯常环境中形成，又可以在持久性惯常环境中形成。

书法景观形成的特殊环境是物质空间向社会空间转换的有力佐证。正如 Pickett 和 White(1985)所提及的，在特定历史和社会文化价值的推动下，物质空间成为话语和隐喻汇集的社会空间，被人为建构起包含各类情感、态度及审美等主观感知元素的场所。这种过程既有对景观本身的近视性考虑（如书法景观地方感维度中的审美体验及功能认知），又有对景观人本主义内涵的理解（如书法景观地方感维度中的社会文化及情感依恋），后者则是段义孚等众多人本主义地理学家在地方感研究中所提及的重要内容。

（2）厦门数据中景观审美对地方感的影响最大，而镇江数据中则是环境刺激。一方面，说明地方感作用机制在不同的书法类型、风格以及原真性等作用下具有不同的影响强度。另一方面，厦门的书法景观观赏性强、变化多样，加之游客以青少年为主，对此类书法景观具有较高的审美评价；镇江多以原碑真迹陈列，且有些重要碑刻年代久远，或残缺不全，或辨识模糊，并未让游客产生太多地方感，加之游客以中青年为主，对于氛围、场所布局、交际环境等场所环境的感知虽不如厦门强，却在地方感的形成过程中占据主要位置。

（3）地方感受到个人书法属性和社会属性不同程度的影响，且该影响在不同书法景观文化旅游地场所类型之间表现出一定的差异性。功能认知、情感依恋及审美体验均在个体属性和书法属性上表现出一定的差异性，而社会文化维度则仅受到书法属性的显著影响。该结果与地方感维度的内涵有关，例如,功能认知(旅游功能和审美功能)中旅游功能认知多受旅游地的属性影响,审美功能则主要受到个体的社会属性和书法属性的双重影响;书法景观的情感依恋既具有一般旅游地地方感情感依恋的影响因素(主要是个体社会属性),又兼具书法景观特殊情感依恋的影响因素(书法属性);书法景观社会文化内涵的认知与书法属性的关系更为紧密。

(4) 书法景观文化旅游地地方感空间特征具有一定的距离递减规律,在递减方向和递减规律上略有不同。两个案例地的游客地方感均呈现"哑铃状"空间分布形态,它们的Ⅰ、Ⅱ级密度核心区零星分布在京津冀、长三角地区,而东北和西南的部分区域则集聚着Ⅰ、Ⅱ级的密度边缘区(图7-7),该结果一方面说明部分经济发达的地区,可能由于快速的城市化进程,文化趋于同质化,导致游客对特色文化景观更易形成较强的地方感;另一方面,书法景观是典型的传统文化景观符号,这种视觉特征明显的景观也容易使游客产生较强的地方感。此外,受到不同客源市场结构及游客惯常环境的影响,游客形成了不同的文化价值观,这是书法景观文化旅游地游客地方感的距离递减方向和速率有差异的根本原因之一,且与交通便利程度有一定关系。以镇江为例,其客源市场地域范围较小,故形成明显的Ⅰ级核心区,且以交通较为方便的京—沪和沪—渝两线地带为轴心向两侧递减,递减速率比客源市场地域范围广阔的厦门大。

第 8 章　研究结论

本研究以环境美学、环境心理学等相关理论为指导,以中国传统文化景观代表——书法景观为研究对象,借助问卷调查等手段,运用因子分析、结构方程模型(SEM)、非参数检验及探索性空间数据分析(ESDA)等技术,揭示并对比分析了传统书法景观文化旅游地(镇江焦山碑林)和现代书法景观文化旅游休闲场所(厦门书法广场)之间的游客感知异同。本研究主要构建了四个假设关系模型,包括书法景观游客感知的 SEAR 模型、CCI‐SEAR 模型、CLA‐SEAR 模型及基于 SE‐CCI‐CLA 的 SOP 模型。同时,基于已有文献,利用非参数检验的方法分析了不同层面的书法景观游客感知的差异性。除此之外,本研究试图探索游客主观感知的空间分布规律,利用 IDW 对相关数据进行空间插值,以预测游客主观感知的空间分布趋势。本研究具有一定的理论和实践意义,是对文化景观乃至景观研究领域的一个理论应用的补充,也在一定程度上促进了环境美学理论的应用和实践。此外,本研究还能为城市休闲场所乃至城市设计规划中的景观建设提供一种新的景观对象和景观类型,也为文化旅游地开发和景观管理提供一种先验性新思路。

8.1　主要结论

(1) 书法景观既是文化符号又是消费对象,不同类型的书法景观营造出不同的场所环境,也给个体带来差异性感知。

旅游景区既是观光场所又是消费场所,具有消费场所氛围所具有的环境特征,该特征对情感、趋向反应具有显著的刺激作用。作为一种文化符号,书法景观能够营造一个兼具审美和交流的场所。因此,某种程度上,书法景观的审美属性也能够刺激游客产生情感、行为等一系列反应。根据环境美学的"景观-环境"思想可知,无论是自然环境还是社会环境,都会对景观的感知及心理评价带来一定影响。本研究中,两个案例地一个为封闭式的传统书法景观文化旅游景区、一个是开放式的现代书法景观城市文化旅游地,结果表明,无论是哪种书法景观场所类型,都满足"(环境)刺激-反应"模型的假设关系,这与消费场所 SEAR 模型的有效性异曲同工,也间接证明了书法景观是一种旅游消费产品。

同时,不同的场所设计、空间布局会带来游客差异性感知,且镇江焦山碑林作为景区,其空间布局必然不同于作为开放式休闲场所的厦门书法广场。此外,参观焦山碑林的游客交流环境感知大于厦门书法广场游客,与前者游客的目的性较强不无关系,毕竟传统碑林主要依托其文化资源真实性、历史感等方面的优势吸引游客,而书法广场则是凭借其独特的沿海自然风光。另外,虽然两个案例地的书法景观场所类型不同,但是环境刺激的游客感知对情感、趋向反应的显著性关系是一致的,并未完全支持 Lee 和 Kyle(2011)关于不同的环境刺激会产生不同情感、行为反应的结论。

(2)书法景观审美评价能够引起一系列的游客行为及情感反应。

生境学和心理学上,景观审美评价是人类为寻找安全的、舒适的场所环境而产生的对某些景观具有特殊好感的心理活动表征,是出于一种安全、利我的生存本能,尤其是受到威胁产生恐惧之时。因此,景观审美评价产生的最初原因便与情感密不可分。此外,诸多学者也直接或间接地论证了景观评价高的群体往往更易产生积极的情感,如高兴、放松等,该结果也是对此类观点的有力支持。

从书法景观经济属性解释,其作为一种旅游消费对象/产品,对它的偏好更多的是出于一种好奇、审美驱动或休闲娱乐目的(Qi, Yang & Zhang, 2013),游客通过消费景观获得特殊体验是旅游活动中的核心过程,该过程中情感起到了至关重要的作用(Yan, et al., 2016)。研究结果中,情感对景观审美评价的显著影响同样证实了这一观点($\lambda_{厦门} = -0.922$, $p < 0.001$;$\lambda_{镇江} = -0.171$, $p < 0.01$)。从书法景观定义来看,其本质就是一种场所环境,而环境

美学又将环境视为一种人本主义的场所感知,其根本是人与环境相互作用的结果,并带有一定的情感色彩(段义孚,2006)。另外,情感在任何环境中都是个体体验和行为的核心内容,无论是自然环境还是人工环境(Ulrich,1983),反之,一些有意义的思想、行为或环境际遇的出现也与情感息息相关(Ittelson,1973;Izard,1992;Zajonc,1980)。

(3) 景观审美评价具有后天可获得性,并非个体固有属性,且受到部分书法属性和社会属性的影响而表现出一定的差异性。景观审美评价受到环境刺激的显著影响($\lambda_{厦门}=0.800$, $p<0.001$;$\lambda_{镇江}=0.468$, $p<0.001$)说明其容易受到个体周围环境的作用。两种类型的书法景观场所均存在这种现象,一方面,可以理解为个体的审美偏好并不受景观类型、历史长短等的影响,却受到所在环境的刺激作用,印证了环境美学中关于景观与环境不可割裂的观点;另一方面,可以间接说明景观审美评价是容易受到场所环境影响而发生变化的,其并非后天不可获得。根据景观感知理论的解释,环境具有较强的功能指向性,是人类重要的感知信息来源,其通过诸如景观的光、色、建筑、水体及植被等复合元素的感知刺激源让游客产生较高的审美评价。除此之外,一些学者也曾指出,虽然个体拥有的景观审美评价看起来似乎是一种固有的先天属性(惯常环境中长期形成的),但是仍然与个人的社会文化背景、经历有关,正如 Falk 和 Balling(2010)所论述的,个人生活经历对文化景观审美评价具有调节作用。此外,书法景观审美评价在全部书法属性(书法练习史、书法爱好及年参展次数)、部分社会属性(年龄和受教育程度)层面表现出一定的差异性,既证实了个人生活经历的调节作用,也支持了俞孔坚等人关于景观审美受景观熟悉度、年龄及受教育程度影响的论点(俞孔坚、吉庆萍,1990;俞孔坚,2008)。

(4) 书法文化认同可从"自我"文化的认知、情感等层面进行解读,其主要特征涉及书法文化自豪感、归属感和依恋感。

其中,游客的书法文化归属是最主要的感知内容($M_{厦门}=4.530$;$M_{镇江}=4.644$),而感知均值最小的均为书法文化依恋($M_{厦门}=3.536$;$M_{镇江}=4.345$)。一方面,说明在当代社会文化背景下,书法文化归属是作为区分文化"他者"和"我者"的重要标准;另一方面,书法文化的依恋程度不高也说明在现代化程度已经很高的当今中国,人们对传统文化的喜爱和迷恋正在受到一定的"侵蚀"。另外,书法文化认同反映在民族、国家及个人三个层面,前两个均是对"自我"文化的认知,个人层面则既包括对"自我"身份的定位(归属感),也包括个人的情感(依恋感)。有研究也指出,情感上的依恋是恪守文化认同的情感基质(Falk & Balling, 2010),换言之,只有对书法文化具有足够的情感累积才会真正地以其为荣,实现真正意义上的"自我"文化角色认知。

(5)书法文化认同与个体对书法景观的态度、认知不无关系。

众所周知,人类一切行为都可视为文化与社会相互作用的产物(Moll & Greenberg,1990),是主观精神的反映。对书法文化的认同也是"自我"文化与社会身份之间交互作用的人类行为,而来自书法景观所在地及其周边地区的游客心理上可能会有一种特殊的精神联系,导致其对相应的文化或景观产生强烈的认同。此外,书法景观的历史性、真实性等影响到游客态度,同时通过社会符号交互作用,将一系列的景观认同转嫁给书法文化。例如,镇江焦山碑林的游客书法文化归属、文化自豪、文化依恋均值都高于厦门书法广场的,一定程度上得益于焦山碑林的原碑真迹。

(6)文化旅游地书法景观游客多维感知均值的空间分布具有距离递减规律,且在不同类型书法景观场所表现略有差异。

核密度分析结果显示,两个案例地的游客感知均呈现"哑铃状"空间分布形态,它们的核心密度区主要集聚在京津冀、长三角、东北和西南的部分区域。就 IDW 分析结果而言,各类感知均值的空间分布都表现出一定的距离递减规律,在递减方向和递减速率上有所不同,在不同类型书法景观场所表现略有差异。例如,镇江数据中的书法文化认同 I 级核心区集中在苏、皖全部,山东大部、鄂东及浙北部分地区,向西北、东南递减明显,递减速率较大;而厦门数据则显示 I 级核心区集中在京沪沿线及两侧带状区域和鄂中、东大部,向西和东南方向递减明显,速率远小于镇江。

(7)书法景观场所游客地方感可以从审美体验、功能认知、社会文化、情感依恋四个方面理解,且作用因素贡献强度在不同案例地表现出一定差异。

环境刺激($\lambda_{厦门}=0.400$;$\lambda_{镇江}=0.393$)以及景观审美评价($\lambda_{厦门}=0.560$;$\lambda_{镇江}=0.313$)对地方感的作用较大,而书法文化认同($\lambda_{厦门}=0.067$;$\lambda_{镇江}=$

0.026)的作用则相对较小。其中,景观审美评价、书法文化认同均与书法景观所在地短暂的环境刺激、个人长期的惯常环境经历、社会文化背景等有关,因此,地方感的前向影响因素既有长期作用的又有短暂刺激的。另外,厦门数据中对地方感的影响最大的是景观审美评价,而镇江数据中则是环境刺激。原因可能在于厦门的书法景观观赏性强、变化多样,加之游客以青少年为主,可能更钟爱现代气息浓厚的书法景观;镇江多以原碑真迹陈列,且有些重要碑刻或年代久远,或残缺不全,或辨识模糊,未让游客产生太多地方感,加之游客以中青年为主,倾向于追求舒适、轻松的旅游氛围,故更关注场所布局、交际环境等景区环境的感知,在地方感的形成中占主要位置。

此外,地方感还受到个人书法属性和社会属性不同程度的影响,如审美体验受到社会属性的影响而表现出一定的差异性,且在书法练习史和年龄上具有显著性差异的地域一致性;功能认知受到书法爱好和职业的影响而表现出显著性差异,且存在地域差异性;社会文化仅在镇江抽样数据中受到书法练习史和年参展次数的影响而表现出一定的显著性差异,且存在地域一致性;情感依恋在书法练习史、书法爱好、性别、年龄、职业及受教育程度上表现出显著性差异,仅在书法练习史上表现出显著性差异的地域一致性。

8.2 管理启示

厦门书法广场和镇江焦山碑林作为传统特色文化景观的代表案例地,游客对其的多维感知结果能够为此类景区乃至文化旅游景区在经营管理过程中的景观建设提供借鉴经验。

(1) 注重文化旅游景区氛围营造,完善空间功能,合理设计场所设施布局

氛围、空间与布局是景区环境的重要刺激源,游客对它们的感知对景观审美评价、文化认同及地方感具有显著的作用。因此,营造浓厚的和有意境的景区氛围、完善其功能以及场所设施的合理布局能够更好地提高游客文化景观的审美和游客吸引力,从而提高游客体验质量,进而产生游客重游、推荐等行为,最终形成良好的口碑效应,促进文化旅游地的可持续发展。同

时,注重文化景观与场所环境的协调,避免出现不适合景区环境的"突兀"景观。

环境美学认为无论是作为日常生活的背景还是作为"暂居者"(游客)的背景,环境与景观的关系应该是协调的和相互融合的。这种观点在景观规划和设计中的应用便是自然原则,该法则是指导所有合理规划的基础性的思想。该法则认为,无论是自然因素(地形地貌、植被景观特征等)还是人为要素(建筑物、装饰物、构筑物等),都必须在人与自然相互协调的背景下进行合理的规划和设计。景观隐喻的文化内涵可以通过合理的空间设计以及氛围塑造得以表达,其表达过程不能仅是景区空间的"物质填补",而应该是诸多景区空间相互关联和作用的重要"意象链接",呈现出来的是一种连续的、有机的场所精神。另外,将景区的自然环境作为一种背景因子有机融入文化景观中,才能在满足游客建筑及景观功能需求的同时让游客真正体会到"自然之美",营造出人、景观、自然三者之间的彼此协调的理想状态。基于此,文化旅游景区的景观设计和空间规划必须通过物质空间要素才能体现出来,而前提是必须首先根据所在环境确定其用途或功能,其次才是形式的创新和载体的选择。

(2) 提升文化景观的自身质量,设计特色化的文化景观产品

作为特色文化景观的代表,书法景观的审美评价受到景观的光、色和建筑、水体及植被等复合元素的刺激。由此可见,文化旅游地的文化景观的建设和设计应该具有地域特色,避免发生景观"符号贫困"现象或出现非环境友好型的景观。在设计时应该同时注重文化景观的比附性和表现性象征。前者主要是指以形象的手段来表达景观的内涵,更多地用符号学中所提及的景观象征性,如松、鹤等景观暗示长寿延年,雕龙画凤寓意富贵吉祥;后者则不是用形象的手段喻指某一明确的景观的内涵,而是利用烘托、暗示、激唤等潜在机能引发想象与体验,这种方式受个体的影响较大,决定机制为景观特征与个体的心灵图式的契合程度,如中国传统文化景观营造的特殊氛围与韵味(故宫森严壮丽,中山陵肃穆恢宏)。上述观点表明,文化景观的产生依赖于观赏者的审美和情感体验,能使其跳出单一、雷同的传统文化景观"怪圈",从而使得景观的表现力不局限于单纯的历史符号,更多的是由于形成特有的文

化属性而产生了代表特定环境背景下精神内涵的景观意蕴。同时，要兼顾景观的趣味性和体验性。

（3）丰富文化景观内涵的呈现方式，满足多样化的审美需求

从研究的两种类型案例地不难发现，厦门书法广场的景观小品类型形式多样、设计方式多元化，相对于传统展示方式的镇江焦山碑林，其景观审美对地方感的影响程度更加显著。厦门书法广场的景观展示方式从维度上讲，有平面、立体，在材质上兼具木质、石质以及现代建筑材质等，同时又能够很好地融合自然环境展现书法之美（借助海水表现"涛"字的设计）。

此外，文化景观的创新设计应该体现多样化的审美诉求，而并非只考虑精英阶层。在审美日渐世俗化的大背景下，景观设计的核心受众已然多样化和世俗化。因此，将审美需求和态度融入人们的日常生活和休闲活动当中，已经成为文化景观设计的新要求。审美是文化景观的内在特质之一，对文化景观的设计必然能够直接或间接体现丰富的美学特征，而对这些美学特征的理解却因受众的群体特征表现出一定的差异性。同时，文化景观的文化内涵更是与"各美其美"的文化自觉性相一致，即文化景观的属性受到相应文化群体的欣赏与认同。当这种观点落实到设计文化景观的实践中时，就会要求不同类型的文化景观突出其隐喻的场所精神或地方文化内涵。

从符号学角度理解，文化景观的设计过程是经过抽象和提炼的创作者意图的符号化过程，因此，需通过个体与景观的符号互动进行感知结果的反馈，若反馈中断，则说明该景观符号仅作为创作者的抽象概念而存在，未被受众所接受。换言之，设计者塑造文化景观的过程要把晦涩的和隐喻的文化特质转化为可感知的符号形象，而这种被感知的符号形象是反映个体审美的重要途径。

（4）提高工作人员相关专业知识储备，构建有深度的解说体系

景观，尤其是特色文化景观往往隐喻丰富的文化内涵，而要生动有趣、令人印象深刻地将文化内涵介绍给"受众"，就首先要求相关工作人员具有良好的知识储备，切忌简单地流于表面，如景观的外在特征，也应该更多地运用建筑学、环境美学等学科的知识去解释文化景观的"前世今生"。

8.3　主要创新点

（1）理论应用

传统文化景观研究往往忽略其所在环境的作用，将景观与所在环境间不可割裂之关系的环境美学核心观点引入书法文化景观研究中，并通过实证揭示不同内容的书法景观游客多维感知与场所环境刺激反应之间的作用关系，是对文化景观乃至景观研究领域的一个理论应用的补充，具有一定的学科交叉效益，也在一定程度上促进了环境美学理论的应用和实践。

（2）研究对象

以书法文化、书法景观作为特色文化景观研究的主要对象，能够很好地切合文化与旅游、特色与传统两大主线。以书法景观为对象构建的游客地方感模型，很好地诠释了中国书法景观特有的地方属性及文化、环境作用因素，对相关景观研究具有一定的借鉴作用。同时，书法景观是研究中国传统文化景观、文化旅游地景观的切入点，也是解决城市景观"符号贫困"现状、留住乡愁等实践问题必不可少的载体。

（3）技术方法

探索性空间数据分析（ESDA）与实地问卷调查相结合，不但为文化旅游、文化地理等相关学科研究方法提供了一种主客观融合的技术范式，而且是数理统计、空间数据分析技术与问卷统计等多技术相互借鉴的有力实证，具有重要的方法和范式创新价值。

8.4　研究不足与展望

书法景观内涵多元、文化与审美价值共存，物质属性与非物质属性兼具，对其开展深入的理论研究和实践研究探索，在当今中国"文化趋同"及城市景观（尤其是文化景观）建设存在严重的"符号贫困"的背景下，具有非常突出而重要的现实意义。但是,由于景观的复杂性及研究时间和精力所限,有些问题和困难仍需进一步研究、探索。

　　本研究虽然在研究对象、理论应用及方法技术上具有一定的新意,但是也存在一些不足。在问卷的设计上虽然具有一定的普适性,但是受到案例地限制,并没有形成一个标准化的研究测量体系,因此,可以在今后的研究中尽可能多地选择不同区域中不同类型的书法景观场所,以更好地检验其科学性和实践应用价值。此外,在空间插值的应用上,测量样本数据点在整个中国的地域上并不是特别充足,今后研究中可以继续加大案例地数量和选择地级市以增加插值测量样本数据点。

　　在案例选取上,本研究虽然选取了两种不同类型的书法景观文化旅游地,但是从反映不同书法景观类型的感知差异角度考虑,该种分类存在一定的主观性。未来的研究可以从景观特征,如复杂度、一致性、色彩度等角度增加对书法景观的探索和研究,并可以更加细化书法景观类型,探索类型间的个体感知差异性。

附录 A:游客调查问卷

关于厦门书法广场(焦山碑林)游客多维感知的调查问卷

您好！本调查不需填写您的姓名和联系方式等隐私信息,费时 5～8 分钟,谢谢您支持我们的工作!

1. 以下各题为单选项,请根据您的实际情况在相应的地方打"√"或填写。

(1) 您来自＿＿＿＿省＿＿＿＿市＿＿＿＿县/区

(2) 您的性别:□男　□女

(3) 您的年龄:

□≤14 岁　□15—24 岁　□25—44 岁　□45—64 岁　□>64 岁

(4) 您的职业

□政府机关人员　□公司职员　□商贸人员　　□服务员/销售员

□技工/工人　□农民　□军人　　□学生　□教师　□离退休人员

(5) 您的受教育水平

□小学及以下　□初中　□高中/中专　□大专/本科　□研究生及以上

(6) 您平均月收入(元)

□≤3000　□3001～5000　□5001～7000　□7001～9000　□>9000

(7) 您每年参观书法相关展览的次数

□0 次　　□1 次　　□2 次　　□3 次　　□4 次及以上

(8) 您参观这里的目的

□专门欣赏书法　□行程中路过　□欣赏自然风光

(9) 您是否练习过硬笔(钢笔)书法?　　□是　□否

(10) 写毛笔字是您的业余爱好?　　□是　□否

2. 请根据您对书法文化的观点在相应的数字上打"√"。

其中:1 代表非常不同意,2 代表不同意,3 代表不确定,4 代表同意,5 代表非常同意

书法文化是中国传统文化的代表	1 2 3 4 5	书法文化让我觉得很亲切	1 2 3 4 5
书法是中国人的一种标志	1 2 3 4 5	若了解书法文化,我会很骄傲	1 2 3 4 5
书法是中国不可缺少的一种文化	1 2 3 4 5	若亲友了解书法文化,我会很骄傲	1 2 3 4 5
书法文化是中华民族的一种象征	1 2 3 4 5	书法文化让我很留恋	1 2 3 4 5
我喜欢书法文化胜过其他文化	1 2 3 4 5	书法文化对我有很大的吸引力	1 2 3 4 5
了解书法文化让我觉得很有品位			1 2 3 4 5

3. 请根据您游览书法石刻后的真实情感在相应的数字上打"√"。

① 很开心 ② 开心 ③ 无法判断 ④ 伤感 ⑤ 很伤感	① 很愉悦 ② 愉悦 ③ 无法判断 ④ 生气 ⑤ 很生气
① 很惊叹 ② 惊叹 ③ 无法判断 ④ 平静 ⑤ 很平静	① 很喜欢 ② 喜欢 ③ 无法判断 ④ 厌恶 ⑤ 很厌恶

4. 请根据您对书法景观的评价在相应的数字上打"√"。

其中:1 代表非常不同意,2 代表不同意,3 代表不确定,4 代表同意,5 代表非常同意

我对这里的书法石刻印象深刻	1 2 3 4 5	这里的书法石刻很有趣味	1 2 3 4 5
这里的书法石刻很有文化氛围	1 2 3 4 5	我很喜欢这里的书法石刻	1 2 3 4 5
这里的书法石刻很美			1 2 3 4 5

5. 请根据您的真实感受打"√"。

其中:1 代表非常不同意,2 代表不同意,3 代表不确定,4 代表同意,5 代表非常同意

这里的自然环境优美	1 2 3 4 5	我感觉当地人很友好	1 2 3 4 5
这里很安全	1 2 3 4 5	我感觉这里的游客很友好	1 2 3 4 5
这里看上去很干净	1 2 3 4 5	这里服务信息获取很方便	1 2 3 4 5
这里的工作人员很友好	1 2 3 4 5	我感觉这里有点拥挤	1 2 3 4 5
这里的视野很开阔	1 2 3 4 5	我对这里的书法石刻有一定了解	1 2 3 4 5
这里所在的位置很容易找到	1 2 3 4 5	我对这里的书法石刻很留恋	1 2 3 4 5
这里的文字解说很有用	1 2 3 4 5	这里的书法石刻对我来讲意义很大	1 2 3 4 5
这里的休息设施很多	1 2 3 4 5	这里的书法石刻让我有一种归属感	1 2 3 4 5
这里的各类设施很容易找到	1 2 3 4 5	这里空间布局很合理	1 2 3 4 5
参观这里书法石刻的决定很正确	1 2 3 4 5	我再参观书法石刻会先考虑这里	1 2 3 4 5
这里的书法石刻美感超过我的预期	1 2 3 4 5	我愿意再来参观这里的书法石刻	1 2 3 4 5
这里的书法石刻满足我的审美需求	1 2 3 4 5	我会对别人称赞这里的书法石刻	1 2 3 4 5
参观这里的书法石刻让我很享受	1 2 3 4 5	即使朋友建议参观其他书法石刻,我依然会来这里	1 2 3 4 5
参观这里的书法石刻让我很满意	1 2 3 4 5		
我会推荐别人参观这里的书法石刻	1 2 3 4 5		

6. 请根据您的真实看法打"√"。

其中:1代表非常不同意,2代表不同意,3代表不确定,4代表同意,5代表非常同意

这里的书法石刻书写风格容易辨识	1　2　3　4　5	这里的书法石刻是独一无二的	1　2　3　4　5
这里的书法石刻内容简单易懂	1　2　3　4　5	这里的书法石刻很神秘	1　2　3　4　5
这里的书法石刻展示了名人风范	1　2　3　4　5	这里的书法石刻历史悠久	1　2　3　4　5
书法石刻让这里的自然山水更美	1　2　3　4　5	这里的书法石刻令人难忘	1　2　3　4　5
这里的书法石刻让我联想到书法文化	1　2　3　4　5	这次旅游满足了我的探索欲望	1　2　3　4　5
书法石刻让这里更有趣味	1　2　3　4　5	这次旅游超过了我的旅游预期	1　2　3　4　5
书法石刻让这里更有文化内涵	1　2　3　4　5	这里的书法石刻增加了我的书法知识	1　2　3　4　5
这里的书法石刻与周围环境很协调	1　2　3　4　5	这里的书法石刻提高了我的审美水平	1　2　3　4　5
这里的书法石刻体现了书法美感	1　2　3　4　5		

附录 B：文中英文缩写释意

ES	环境刺激	ER	情感反应
ATM	氛围	LOY	忠诚度
LAY	空间与布局	SAT	满意度
COE	交管环境	COM	承诺
ES_1	这里自然环境优美	ER_1	这里让我很开心
ES_2	这里感觉很安全	ER_2	这里让我很惊叹
ES_3	这里视野开阔	ER_3	这里让我很愉悦
ES_4	这里的文字解说很有用	ER_4	这里让我很喜欢
ES_5	这里所在的位置很容易找到	AS_1	参观这里书法石刻的决定很正确
ES_6	这里的休息设施很多	AS_2	这里的书法石刻美感超过我的预期
ES_7	这里看上去很干净	AS_3	这里的书法石刻满足我的审美需求
ES_8	我感觉这里有点拥挤	AS_4	参观这里的书法石刻让我很享受
ES_9	我感觉当地人很友好	AS_5	我愿意再来参观这里的书法石刻
ES_{10}	我感觉这里的工作人员很友好	AS_6	我对这里的书法石刻有一定了解
ES_{11}	我感觉这里的游客很友好	AS_7	我对这里的书法石刻很留恋
ES_{12}	这里的各类设施很容易找到	AS_8	这里的书法石刻对我来讲意义很大
ES_{13}	这里服务信息获取很方便	AS_9	我对这里的书法石刻让我有一种归属感
ES_{14}	这里空间布局很合理	AS_{10}	我再参观书法石刻会先考虑这里
AS_{13}	我会对别人称赞这里的书法石刻	AS_{11}	参观这里的书法石刻让我很满意
CI	文化认同	AS_{12}	我会推荐别人来这里参观书法石刻
LA	景观审美评价	SOP	地方感

续　表

CBE	文化归属	SPE	审美体验
CPR	文化自豪	SPA	情感依恋
CAT	文化依恋	SPC	社会文化
CI_1	书法文化是中国传统文化的代表	SPF	功能认知
CI_2	书法是中国人的标志	SP_1	这里的书法石刻书写风格容易辨识
CI_3	书法是中国不可缺少的一种文化	SP_2	这里的书法石刻内容简单易懂
CI_4	书法文化是中华民族的一种象征	SP_3	这里的书法石刻展现了名人风范
CI_5	我喜欢书法文化胜过其他文化	SP_4	这里的书法石刻让山水更美
CI_6	书法文化让我觉得很亲切	SP_5	这里的书法石刻让我联想到书法文化
CI_7	若了解书法文化我会很骄傲	SP_6	书法石刻让这里更有趣味
CI_8	若亲友了解书法文化我会很骄傲	SP_7	书法石刻让这里更有文化内涵
CI_9	书法文化让我很留恋	SP_8	这里的书法石刻与周围环境很协调
CI_{10}	书法文化对我有很大吸引力	SP_9	这里的书法石刻体现了书法美感
CI_{11}	了解书法文化让我觉得很有品位	SP_{10}	这里的书法石刻是独一无二的
LA_1	我对这里的书法石刻印象深刻	SP_{11}	这里的书法石刻很神秘
LA_2	这里的书法石刻很美	SP_{12}	这里的书法石刻历史悠久
LA_3	这里的书法石刻很有文化氛围	SP_{13}	这里的书法石刻令人难忘
LA_4	这里的书法石刻很有趣味	SP_{14}	这次旅游满足了我的探索欲望
LA_5	我很喜欢这里的书法石刻	SP_{15}	这次旅游超过了我的旅游预期
AS_{14}	即使朋友建议参观其他书法石刻，我依然会来这里	SP_{16}	这里的书法石刻增加了我的书法知识
		SP_{17}	这里的书法石刻提高了我的审美水平

参考文献

[1] Abello R P, Bernaldez F G, Galiano E F. Consensus and contrast components in landscape preference[J]. Environment and Behavior, 1986, 18(2): 155 - 178.

[2] Abonn M, Mjoseph-Mathews S, Mo D, et al. Heritage/Cultural attraction atmospherics: creating the right environment for the heritage/cultural visitor[J]. Journal of Travel Research, 2007, 45(3): 345 - 354.

[3] Aksan N, Kisac B, Aydin M, et al. Symbolic interaction theory[J]. Procedia-social and Behavioral Sciences, 2009, 1(1):902 - 904.

[4] Altman I, Rogoff B. World views in psychology: trait, interactional, organismic and transactional perspectives[M]//Stokolsd, Altman I. Handbook of environmental psychology. New York: John Wiley & Sons, 1987.

[5] Amedeo D. Emotions in person-environment-behavior episodes[J]. Advances in Psychology, 1993:96,83 - 116.

[6] Amedeo D, York R A. Grouping in affective responses to environments: indications of emotional norm influence in person-environment relations [C]//EDRA 15: Proceedings of the Fifteenth International Conference of the Research Association. 1984.

[7] Anderson K, Domosh M S, Pile S, et al. Handbook of cultural geography[M]. London: Sage Publications, 2003.

[8] Appleton J. Landscape evaluation: the theoretical vacuum [J].

Transactions of the Institute of British Geographers, 1975, 66: 120 – 123.

[9] Ardrey R. The territorial imperative: a personal inquiry into the animal origins of property and nations[M]. London: Collins, 1967.

[10] Askari A H, Dola K B. Influence of building facade visual elements on its historical image: case of Kuala Lumpur city, Malaysia[J]. Journal of Design and Built Environment, 2009, 5(11): 49 – 59.

[11] Assael H. Consumer behavior and marketing actions [M]. 6th ed. California: South-Western College Publishing,1998.

[12] Baddeley A D, Mehrabian A. The psychology of memory[M]. New York: Basic Books,1976.

[13] Baker J, Grewal D, Parasuraman A. The influence of store environment on quality inferences and store image[J]. Journal of the Academy of Marketing Science, 1994, 22(4):328 – 339.

[14] Balling J D, Falk J H. Development of visual preference for natural environments[J]. Environment and Behavior, 1982,14(1): 5 – 28.

[15] Baloglu S, Brinberg D. Affective images of tourism destinations[J]. Journal of Travel Research, 1997, 35(4): 11 – 15.

[16] Barry J B, Laurie B. Seeking something different? A model of schema typicality, consumer affect, purchase intentions and perceived shopping value[J]. Journal of Business Research, 2001, 54(2):89 – 96.

[17] Barsky J, Nash L. Evoking emotion: affective keys to hotel loyalty[J]. The Cornell Hotel and Restaurant Administration Quarterly, 2002, 43(1):39 – 46.

[18] Belk R W. Situational variables and consumer behavior[J]. Journal of Consumer Research, 1975, 2(3):157 – 164.

[19] Bell S. Landscape: pattern, perception and process[M]. New York: Spon Press,2012.

[20] Bellizzi J A, Hite R E. Environmental color, consumer feelings, and

purchase likelihood[J]. Psychology & Marketing, 1992, 9(5):347 - 363.

[21] Benish-Weisman M, Horenczyk G. Cultural identity and perceived success among Israeli immigrants: an emic approach[J]. International Journal of Intercultural Relations, 2010, 34(5): 516 - 526.

[22] Benko G, Strohmayer U. Space and social theory: interpreting modernity and postmodernity[M] Oxford: Blackwell, 1997.

[23] Berman B, Evans J R. Retailing management: a strategic approach [M]. 6th. NJ: Prentice-Hall, Inc., 1995.

[24] Bigne J E, Andreu L. Emotions in segmentation: an empirical study [J]. Annals of Tourism Research, 2004, 31(3): 682 - 696.

[25] Bigne J E, Andreu L, Gnoth J. The theme park experience: an analysis of pleasure, arousal and satisfaction[J]. Tourism Management, 2005, 26(6), 833 - 844.

[26] Bitner M J. Evaluating service encounters: the effects of physical surroundings and employee responses[J]. Journal of Marketing, 1990, 54(54):69 - 82.

[27] Bitner M J, Booms B H. Trends in travel and tourism marketing: the changing structure of distribution channels [J]. Journal of Travel Research, 1982, 20(4): 39 - 44.

[28] Black J S, Gregersen H B, Mendenhall M E. Toward a theoretical framework of repatriation adjustment [J]. Journal of International Business Studies, 1992, 23(4): 737 - 760.

[29] Black J S, Mendenhall M. The U-Curve adjustment hypothesis revisited: a review and theoretical framework [J]. Journal of International Business Studies, 1991, 22(2): 225 - 247.

[30] Bloemer M J, Kasper P D. The complex relationship between consumer satisfaction and brand loyalty[J]. Journal of Economic Psychology, 1995, 16: 311 - 329.

[31] Bloemer M J, Odekerken-Schroder G. Store satisfaction and store loyalty explained by customer and stor-related factors[J]. Journal of Consumer Satisfaction, Dissatisfaction and Complaining Behavior, 2002, 15:68 - 80.

[32] Bosque I R D, Martin H S. Tourist satisfaction a cognitive-affective model[J]. Annals of Tourism Research, 2008, 35(2): 551 - 573.

[33] Bowen J T, Chen S L. The relationship between customer loyalty and customer satisfaction [J]. International Journal of Contemporary Hospitality Management, 2001, 13(5):213 - 217.

[34] Brown B B, Werner C M, Amburgey J W, et al. Walkable route perceptions and physical features: converging evidence for en route walking experiences[J]. Environment & Behavior, 2007, 39(1):34 - 61.

[35] Brown R. Social identity theory: past achievements, current problems and future challenges [J]. European Journal of Social Psychology, 2000, 30(6): 745 - 778.

[36] Bryson G. Man and society: the scottish inquiry of the eighteenth century[M]. Princeton: Princeton University Press, 1945.

[37] Buttimer A. Geography, humanism and global concern[J]. Annals of the Association of American Geographers, 1990, 80, 1 - 33.

[38] Buttimer A. Grasping the dynamism of life world[J]. Annals of the Association of American Geographers, 2005, 66(2): 277 - 292.

[39] Buttle F. Retail space allocation[J]. International Journal of Physical Distribution and Logistics Management, 1984, 14(4): 3 - 23.

[40] Callero P L. Role-identity salience[J]. Social Psychology Quarterly, 1985, 48(3): 203 - 214.

[41] Cantrill J G. The environmental self and a sense of place: communication foundations for regional ecosystem management [J]. Journal of Applied Communication Research, 1998, 26(3): 301 - 318.

[42] Carnicelli-Filho S，Schwartz G M，Tahara A K. Fear and adventure tourism in Brazil[J]. Tourism Management，2010，31(6)：953－956.

[43] Chamberlain L，Broderick A J. The application of physiological observation methods to emotion research[J]. Qualitative Market Research，2007，10(2)：199－216.

[44] Chebat J，Michon R. Impact of ambient odors on mall shoppers' emotions，cognition，and spending[J]. Journal of Business Research，2003，56(7)：529－539.

[45] Cloke P，Philo C，Sadler D. Approaching human geography：an introduction to contemporary theoretical debates[M]. New York and London：Guilford Press，1994.

[46] Coghlan A，Pearce P. Tracking affective components of satisfaction[J]. Tourism and Hospitality Research，2010，10(1)：42－58.

[47] Cohen E. The sociology of tourism：approaches，issues，and findings [J]. Annual Review of Sociology，1984，10(10)：373－392.

[48] Colton C W. Leisure，recreation，tourism：a symbolic interactionism view[J]. Annals of Tourism Research，1987，14(3)：345－360.

[49] Cook I，Hobson K，Hallett L，et al. Geographies of food："Afters" [J]. Progress in Human Geography，2011，35(1)：104－120.

[50] Cosgrove D E. Social formation and symbolic landscape[M]. Madison：University of Wisconsin Press，1998.

[51] Cox J B. The role of communication，technology，and cultural identity in repatriation adjustment[J]. International Journal of Intercultural Relations，2004，28(34)：201－219.

[52] Crang M，Thrift N. Thinking space[M]. London：Routledge，2000.

[53] Cutter S L，Reginald G，Graf W L. The big questions in geography[J]. Professional Geographer，2002，54(3)：305－317.

[54] Dalvi M Q，Martin K M. The measurement of accessibility：some preliminary results[J]. Transportation，1976，5(1)：17－42.

[55] Daniel T C, Vining J. Methodological issues in the assessment of landscape quality[M]. In Altman J F, Wohlwill (eds.), Behavior and the natural environment. New York: Plenum, 1983.

[56] Davidson J, Milligan C. Embodying emotion sensing space: introducing emotional geographies[J]. Social and Cultural Geography, 2004, 5(4): 523 - 532.

[57] Davidson J, Smith M. Autistic autobiographies and more-than-human emotional geographies[J]. Environment and Planning D: Society and Space, 2009, 27(5): 898 - 916.

[58] De Rojas C, Camarero C. Visitors' experience, mood and satisfaction in a heritage context: evidence from an interpretation center[J]. Tourism Management, 2008, 29(3): 525 - 537.

[59] Dehyle D. Constructing failure and maintaining cultural identity: Navajo and Ute school leavers [J]. Journal of American Indian Education, 1991, 31(2): 24 - 47.

[60] Derr V. Children's sense of place in northern New Mexico[J]. Journal of Environmental Psychology, 2002, 22: 125 - 137.

[61] Desforges L, Jones R. Geographies of languages/Languages of geography[J]. Social & Cultural Geography, 2001, 2(3): 261 - 264.

[62] Dick A S, Basu K. Customer loyalty: toward an integrated conceptual framework[J]. Journal of the Academy of Marketing Science, 1994, 22 (2):99 - 113.

[63] Dimitriades Z S. Customer satisfaction, loyalty and commitment in service organizations[J]. Management Research News, 2006, 29(12): 782 - 800.

[64] Dixon J, Durrheim K. Dislocating identity: desegregation and the transformation of place [J]. Journal of Environmental Psychology, 2004, 24(4): 455 - 473.

[65] Donovan R J, Rossiter J R. Store atmosphere: an environmental

psychology approach[J]. Journal of Retailing, 1982, 58(1), 34 - 57.

[66] Donovan R J, Rossiter J R ,Marcoolyn G, et al. Store atmosphere and purchasing behavior[J]. Journal of Retailing, 1994, 70(3): 283 - 294.

[67] Dubé L, Morin S. The effects of background music on consumers' desire to affiliate in buyer-seller interactions [J]. Psychology & Marketing, 1995, 12(4):305 - 319.

[68] Elden S. Land, terrain, territory[J]. Progress in Human Geography, 2010, 34(6):799 - 817.

[69] Eroglu S A, Machleit K A, Davis L M. Atmospheric qualities of online retailing: a conceptual model and implications[J]. Journal of Business Research, 2001, 54(2): 177 - 184.

[70] Eroglu S A, Machleit K A, Davis L M. Empirical testing of a model of online store atmospherics and shopper responses[J]. Psychology and Marketing, 2003, 20(2):139 - 150.

[71] Ervin L H, Stryker S. Theorizing the relationship between self-esteem and identity[M]. In Owens T J, Stryker S, Goodman N (eds.). Extending self-esteem theory and research: sociological and psychological currents. New York: Cambridge University Press, 2001.

[72] Falk J H, Balling J D. Evolutionary influence on human landscape preference[J]. Environment and Behavior, 2010, 42(4):479 - 493.

[73] Fleury-Bahi G, Félonneau M L, Marchand D. Processes of place identification and residential satisfaction [J]. Environment and Behavior, 2008, 40(5):669 - 682.

[74] Fry G, Tveit M S, Ode A, et al. The ecology of visual landscapes: exploring the conceptual common ground of visual and ecological landscape indicators[J]. Ecological Indicators, 2009, 9(5): 933 - 947.

[75] Fullerton, Gordon. How commitment both enables and undermines marketing relationships[J]. European Journal of Marketing, 2005, 39 (11/12):1372 - 1388.

［76］Gao J，Barbieri C，Valdivia C. Agricultural landscape preferences：implications for agritourism development［J］. Journal of Travel Research，2014，53(3)：366 - 379.

［77］Grene M. The sense of things［J］. The Journal of Aesthetics and Art Criticism，1980，38(4)：377 - 389.

［78］Groot W T D，Born R J G V. Visions of nature and landscape type preferences：an exploration in The Netherlands［J］. Landscape and Urban Planning，2003，63(3)：127 - 138.

［79］Gupta S，Bhugra D. Cultural identity and its assessment［J］. Psychiatry-interpersonal and Biological Processes，2009，8(9)：333 - 334.

［80］Gustafson P. Meanings of place：everyday experience and theoretical conceptualizations［J］. Journal of Environmental Psychology，2001，21(1)：5 - 16.

［81］Hammer M R，Gudykunst W B，Wiseman R L. Dimensions of intercultural effectiveness：an exploratory study［J］. International Journal of Intercultural Relations，1978，2(4)：382 - 393.

［82］Han K T. An exploration of relationships among the responses to natural scenes［J］. Environment and Behavior，2010，42(2)：243 - 270.

［83］Harris P B，Brown B B，Werner C M. Privacy regulation and place attachment：predicting attachment to a student family houseing facility［J］. Journal of Environmental Psychology，1996，16(4)：287 - 301.

［84］Hay R. Sense of place in developmental context［J］. Journal of Environmental Psychology，1998，18(1)：5 - 29.

［85］Herbert D. Literary places，tourism and the heritage experience［J］. Annals of Tourism Research，2001，28(2)：312 - 333.

［86］Hernandez B，Hidalgo M C，Salazar-Laplace M E，et al. Place attachment and place identity in natives and non-natives［J］. Journal of

Environmental Psychology，2007，27(3):310 - 319.

[87] Hidalgo M C，Hernandez B. Place attachment: conceptual and empirical questions[J]. Journal of Environmental Psychology，2001，21(3): 273 - 281.

[88] Ho C I，Lee Y L. The development of an e-travel service quality scale [J]. Tourism Management，2007，28(6):1434 - 1449.

[89] Hosany S，Gilbert D. Measuring tourists' emotional experiences toward hedonic holiday destinations[J]. Journal of Travel Research，2009，49(4): 513 - 526.

[90] Hosany S，Martin D. Self-image congruence in consumer behavior[J]. Journal of Business Research，2012，65(5): 685 - 691.

[91] Hosany S，Prayag G. Patterns of tourists' emotional responses，satisfaction，and intention to recommend [J]. Journal of Business Research，2013，66(6): 730 - 737.

[92] Hummon D. Community attachment: local sentiment and sense of place[M]. In Altman R，Low B(eds.). Place Attachment. New York: Plenum Press，1992.

[93] Ittelson W H. Environment and cognition[M]. New Yock: Seminar Press，1973.

[94] Izard C E. Human emotions [J]. Emotions Personality and Psychotherapy，1977.

[95] Izard C E. Basic emotions，relations among emotions，and emotion-cognition relations[J]. Psychological Review，1992，99(3):561 - 565.

[96] Janda S，Trocchia P J，Gwinner K P. Consumer perceptions of internet retail service quality [J]. International Journal of Service Industry Management，2002，13(5):412 - 431.

[97] Jang S C，Namkung Y. Perceived quality，emotions，and behavioral intentions: application of an extended Mehrabian-Russell model to restaurants[J]. Journal of Business Research，2009，62(4): 451 - 460.

[98] Johnson M D. The evolution and future of national customer satisfaction index models[J]. Journal of Economic Psychology, 2001, 22(2): 217 - 245.

[99] Jorgensen B S, Stedman R C. A comparative analysis of predictors of sense of place dimensions: attachment to, dependence on, and identification with lakeshore properties[J]. Journal of Environmental Management, 2006, 79(3): 316 - 327.

[100] Junge X, Lindemann-Matthies P, Hunziker M, et al. Aesthetic preferences of non-farmers and farmers for different land-use types and proportions of ecological compensation areas in the Swiss lowlands[J]. Biological Conservation, 2011, 144(5): 1430 - 1440.

[101] Kaltenborn B P. Nature of place attachment: a study among recreation homeowners in southern Norway[J]. Leisure Sciences, 1997, 19(3): 175 - 189.

[102] Kaltenborn B P, Bjerke T. Associations between landscape preferences and place attachment: a study in Roros, Southern Norway[J]. Landscape Research, 2002, 27(4): 381 - 396.

[103] Kaltenborn R P. Effects of sense of place on responses to environmental impacts: a study among residents in Svalbard in the Norwegian high Arctic[J]. Applied Geography, 1998, 18(2): 169 - 189.

[104] Kaplan B R, Kaplan S. The experience of nature: a psychological perspective[D]. Cambridge, UK: Cambridge University, 2010.

[105] Kellert S R. Urban American perceptions of animals and the natural environment[J]. Urban Ecology, 1984, 8(8): 209 - 228.

[106] Khan N, Kadir S L S A, Wahab S A. Investigating structure relationship from functional and relational value to behavior intention: the role of satisfaction and relationship commitment[J]. International Journal of Business & Management, 2010, 5 (10):

20 - 36.

[107] Kotler P. A generic concept of marketing[J]. Journal of Marketing, 1972, 36(2): 46 - 54.

[108] Kotler P. The major tasks of marketing management[J]. Journal of Marketing, 1973, 37(4):42 - 49.

[109] Kyle G T, Absher J D, Graefe A R. The moderating role of place attachment on the relationship between attitudes toward fees and spending preferences[J]. Leisure Sciences, 2003, 25(1): 33 - 50.

[110] Kyle G T, Chick G. The social construction of a sense of place[J]. Leisure Sciences, 2007, 29(29): 209 - 225.

[111] Kyle G T, Graefe A R, Manning R, et al. Predictors of behavioral loyalty among hikers along the Appalachian Trail [J]. Leisure Sciences, 2004,26(1):99 - 118.

[112] Kyle G T, Mowen A J, Tarrant M. Linking place preferences with place meaning: an examination of the relationship between place motivation and place attachment [J]. Journal of Environmental Psychology, 2004, 24(4): 439 - 454.

[113] Landry R, Richard Y B. Linguistic landscape and ethnolinguistic vitality: an empirical study[J]. Journal of Language and Social Psychology,1997,16(1):23 - 49.

[114] Larkin R P, Peters G L. Dictionary of concepts in human geography [M]. London: Greenwood Press, 1983.

[115] Larson S, Freitas D M D, Hicks C C. Sense of place as a determinant of people's attitudes towards the environment: implications for natural resources management and planning in the Great Barrier Reef, Australia[J]. Journal of Environmental Management, 2013, 117: 226 - 234.

[116] Laverie D A, Arnett D B. Factors affecting fan attendance: the influence of identity salience and satisfaction[J]. Journal of Leisure

Research，2012，32(2)：225 – 246.

[117] Lee C K，Lee Y K，Lee B K. Korea's destination image formed by the 2002 World Cup[J]. Annals of Tourism Research，2005，32（4）：839 – 858.

[118] Lee J. Visitors' emotional responses to the festival environment[J]. Journal of Travel and Tourism Marketing，2014，31(1)：114 – 131.

[119] Lee J，Kyle G T. Recollection consistency of festival consumption emotions[J]. Journal of Travel Research，2011，51(2)：178 – 190.

[120] Lee Y K，Lee C K，Lee S K，et al. Festivalscapes and patrons' emotions，satisfaction，and loyalty[J]. Journal of Business Research，2008，61(1)：56 – 64.

[121] Li S S，Scott N，Walters G. Current and potential methods for measuring emotion in tourism experiences：a review[J]. Current Issues in Tourism，2014，18(9)：1 – 23.

[122] Lokocz E. Motivations for land protection and stewardship：exploring place attachment and rural landscape character in Massachusetts[J]. Landscape and Urban Planning，2011，99(2)：65 – 76.

[123] Low S M，Altman I. Place attachment. In Altman I，Low S M （eds.），Place Attachment[M]. Boston，MA：Springer，1992.

[124] Lupp G，Höchtl F，Wende W. "Wilderness"— A designation for central European landscapes? [J]. Land Use Policy，2011，28(3)：594 – 603.

[125] Lutz R J，Kakkar P. The psychological situation as a determinant of consumer behavior[J]. Advances in Consumer Research，1975，2(1).

[126] Lyons E. Demographic correlates of landscape preference [J]. Environment and Behavior，1983，15(4)：487 – 511.

[127] Ma J，Gao J，Scott N，et al. Customer delight from theme park experiences：the antecedents of delight based on cognitive appraisal theory[J]. Annals of Tourism Research，2013，42：359 – 381.

[128] Mace B L, Bell P A, Loomis R J. Aesthetic, affective, and cognitive effects of noise on natural landscape assessment [J]. Society & Natural Resources, 1999, 12(3):225 - 242.

[129] Machleit K A, Eroglu S A. Describing and measuring emotional response to shopping experience[J]. Journal of Business Research, 2000, 49(2): 101 - 111.

[130] Mackay K J, Fesenmaier D R. Pictorial element of destination in image formation[J]. Annals of Tourism Research, 1997.

[131] Madrigal R. Cognitive and affective determinants of fan satisfaction with sporting event attendance [J]. Journal of Leisure Research, 1995, 27(3): 205 - 227.

[132] Maines D R. Interactionism and practice[J]. Applied Behavioral Science Review, 1997, 5(1):1 - 8.

[133] Malmberg T. Human territoriality: survey of behavioural territories in man with preliminary analysis and discussion of meaning[M]. The Hague: Mouton Publishers, 1980.

[134] Marans R, Spreckelmeyer K. Measuring overall architectural quality [J]. Environment and Behavior, 1982, 14: 652 - 670.

[135] Martin P Y. Sensations, bodies, and the "spirit of a place": aesthetics in residential organizations for the elderly [J]. Human Relations, 2002, 55(7):861 - 885.

[136] Max Loehr. Some fundamental issues in the history of Chinese painting[J]. Journal of Asian Studies, 1964, 23(2):185 - 193.

[137] Mazumdar S, Mazumdar S, Docuyanan F, et al. Creating a sense of place: the Vietnamese-Americans and Little Saigon[J]. Journal of Environmental Psychology, 2000, 20(4): 319 - 333.

[138] Mcandrew F T. The measuerment of "rootedness" and the prediction of attachment to home-towns in college students [J]. Journal of Environmental Psychology, 1998, 18(4): 409 - 417.

[139] Mehrabian A，Russell J A. An approach to environmental psychology [M]. Cambridge，MA：Massachusetts Institute of Technology，1974.

[140] Meinig D W. Geography as an art[J]. Transactions of the Institute of British Geographers，1983，8(8):314 – 328.

[141] Misgav A. Visual preference of the public for vegetation groups in Israel[J]. Landscape and Urban Planning，2000，48(34)：143 – 159.

[142] Mitas O，Yarnal C，Chick G. Jokes build community：mature tourists' positive emotions[J]. Annals of Tourism Research，2012，39 (4)：1884 – 1905.

[143] Mitchell D. Cultural landscapes：the dialectical landscape-recent landscape research in human geography [J]. Progress in Human Geography，2002，26(3)：381 – 389.

[144] Moll L C，Greenberg J. Creating zones of possibilities：combining social contexts for instruction[M]. In Luis C，Moll (ed.)，Vygotsky and Education. New York：Cambridge University Press，1990.

[145] Moore J. On the relation between behaviorism and cognitive psychology[J]. Journal of Mind and Behavior，1996，17(4)：345 – 368.

[146] Nasar J L. Environmental aesthetics：theory，research，and applications[J]. Urban Studies，1994，31(1):157 – 159.

[147] Nohl W. Sustainable landscape use and aesthetic perception-preliminary reflections on future landscape aesthetics[J]. Landscape and Urban Planning，2001，54(1)：223 – 237.

[148] O'Brien V，Dzhusupov K，Kudaibergenova T. Place，culture and everyday life in kyrgyz villages[M]. In Convery I，Corsane G & Davis P (eds.)，Making Sense of Place：Multidisciplinary Perspectives. Newcastle：Newcastle University Press，2012.

[149] Ode A，Fry G，Tveit M S,et al. Indicators of perceived naturalness as drivers of landscape preference [J]. Journal of Environmental

Management，2009，90(1)：375 - 383.

[150] Oetting E R，Beauvais F. Orthogonal cultural identification theory：the cultural identification of minority adolescents[J]. International Journal of the Addictions，1990，25(5A6A)：655 - 685.

[151] Oliver R L. Whence consumer loyalty? [J]. Journal of Marketing，1999，34(63)：33 - 44.

[152] Olwig K. The landscape of "Customary" Law versus that of "Natural" Law[J]. Landscape Research，2005，30(3)：299 - 320.

[153] Palau-Saumell R，Forgas-Coll S，Sanchez-Garcia J，et al. Tourist behavior intentions and the moderator effect of knowledge of UNESCO World Heritage Sites：the case of La Sagrada Familia[J]. Journal of Travel Research，2013，52(3)：364 - 376.

[154] Panagopoulos T. Linking forestry，sustainability and aesthetics[J]. Ecological Economics，2009，68(10)：2485 - 2489.

[155] Penning-Rowsell E C. A public preference evaluation of landscape quality[J]. Regional Studies，1982，16(2)：97 - 112.

[156] Pickett S T A，White P S. The ecology of natural disturbance and patch dynamics[M]. Orlando：Academic Press，1985.

[157] Pocock D C D. Humanistic geography and literature：essays on the experience of place[M]. London：Croom Helm，Barnes & Noble，1981.

[158] Prayag G，Hosany S，Odeh K. The role of tourists' emotional experiences and satisfaction in understanding behavioral intentions[J]. Journal of Destination Marketing and Management，2013，2(2)：118 - 127.

[159] Pretty G H，Chipuer H M，Bramston P. Sense of place amongst adolescents and adults in two rural Australian towns：the discriminating features of place attachment，sense of community and place dependence in relation to place identity [J]. Journal of

Environmental Psychology, 2003, 23(3): 273 - 287.

[160] Pritchard M, Havitz M, Howard D. Analyzing the commitment loyalty link in service contexts[J]. Journal of the Academy of Marketing Science, 1999, 27(3), 333 - 348.

[161] Pritchard M, Howard D, Havitz M. Loyalty measurement: a critical examination and theoretical extension[J]. Leisure Sciences, 1992, 14(2): 155 - 164.

[162] Pritchard M, Howard D. The loyal traveler: examining a typology of service patronage[J]. Journal of Travel Research, 1997, 35 (4): 2 - 10.

[163] Proshansky H M. The city and self-identity[J]. Environment and Behavior, 1978, 10(2): 147 - 169.

[164] Proshansky H M, Fabian A K, Kaminoff R. Place-identity: physical world socialization of the self [J]. Journal of Environmental Psychology, 1983, 3(1):57 - 83.

[165] Qi Q, Yang Y, Zhang J. Attitudes and experiences of tourists on calligraphic landscapes: a case study of Guilin, China[J]. Landscape and Urban Planning, 2013, 113: 128 - 138.

[166] Raymond C M, Brown G, Weber D. The measurement of place attachment: personal, community, and environmental connections [J]. Journal of Environmental Psychology, 2010, 30(4): 422 - 434.

[167] Reisinger Y, Turner L. Structural equation modeling with Lisrel: application in tourism[J]. Tourism Management, 1999, 20(1): 71 - 88.

[168] Relph E C. The phenomenological foundations of geography[J]. Philosophy of Geography, 1976.

[169] Rhoades L, Eisenberger R, Armeli S. Affective commitment to the organization: the contribution of perceived organizational support[J]. Journal of Applied Psychology, 2001, 86(5): 825 - 836.

[170] Robert D, John R. Store atmosphere: an environmental psychology approach[J]. Journal of Retailing, 1982, 58(1): 34 – 57.

[171] Rojas C, Pino J, Jaque E. Strategic environmental assessment in Latin America: a methodological proposal for urban planning in the Metropolitan Area of Concepción (Chile)[J]. Land Use Policy, 2013, 30(1): 519 – 527.

[172] Rollero C, Piccoli N D. Place attachment, identification and environment perception: an empirical study [J]. Journal of Environmental Psychology, 2010, 30(2): 198 – 205.

[173] Rosenbaum M S, Montoya D Y. Am I welcome here? Exploring how ethnic consumers assess their place identity[J]. Journal of Business Research, 2007, 60(3):206 – 214.

[174] Russell J A, Mehrabian A. Distinguishing anger and anxiety in terms of emotional response factors[J]. Journal of Consulting and Clinical Psychology, 1974, 42(1): 79.

[175] Russell J A, Mehrabian A. Approach-avoidance and affiliation as functions of the emotion-eliciting quality of an environment [J]. Environment and Behavior, 1978, 10(3): 355 – 387.

[176] Ruyter K D, Wetzels M, Josée Bloemer. On the relationship between perceived service quality, service loyalty and switching costs [J]. International Journal of Service Industry Management, 1998, 9(5): 436 – 453.

[177] Sang N, Miller D, Ode A. Landscape metrics and visual topology in the analysis of landscape preference[J]. Environment and Planning B: Planning and Design, 2008, 35(3): 504 – 520.

[178] Santayana G. The sense of beauty: being the outlines of aesthetic theory[M]. New York: Collier, 1961.

[179] Sassen S. Territory, authority, rights: from medieval to global assemblages[M]. Princeton: Princeton University Press, 2006.

[180] Seamon. A geography of the lifeworld[M]. New York: St. Martin's, 1979.

[181] Sevenant M, Antrop M. The use of latent classes to identify individual differences in the importance of landscape dimensions for aesthetic preference[J]. Land Use Policy, 2010, 27(3): 827 - 842.

[182] Shamai S. Sense of place: an empirical measurement[J]. Geoforum, 1991, 22(3): 347 - 358.

[183] Sharp J P. Remasculinising geo-politics? Comments on Gearoid O'Tuathail's critical geopolitics [J]. Political Geography, 2000, 19(3):361 - 364.

[184] Shenghshiung T, Yiti C, Wang C H. The visitors behavioral consequences of experiential marketing: an empirical study on Taipei Zoo[J]. Journal of Travel and Tourism Marketing, 2006, 21(1): 47 - 64.

[185] Sheppard S R J. Landscape visualisation and climate change: the potential for influencing perceptions and behavior[J]. Environmental Science and Policy, 2005, 8(6): 637 - 654.

[186] Sherman E, Mathur A, Smith R B. Store environment and consumer purchase behavior: mediating role of consumer emotions [J]. Psychology and Marketing, 1997, 14(4): 361 - 378.

[187] Shumaker S A, Taylor R B. Toward a clarification of people-place relationships: a model of attachment to place[M]. In Geller N F E S (ed.). Environmental psychology: Directions and perspectives. New York: Praeger,1983.

[188] Soja E. The political organization of space [M]. Washington: Association of American Geographers, 1971.

[189] Spangenberg E R, Sprott D E, Grohmann B, et al. Gender-congruent ambient scent influences on approach and avoidance behaviors in a retail store[J]. Journal of Business Research, 2006, 59(12):1281 -

1287.

[190] Spangenberg E R, Yalch R. Effects of store music on shopping behavior[J]. Journal of Consumer Marketing, 1990, 7(2):55-63.

[191] Sparshott F E. Figuring the ground: notes on some theoretical problems of the aesthetic environment[J]. Journal of Aesthetic Education, 1972, 6(3):11-23.

[192] Stedman R. Toward a social psychology of place: predicting behavior from place-based cognitions, attitude, and identity[J]. Environment and Behavior, 2002, 34(5): 561-581.

[193] Stedman R, Beckley T, Wallace S,et al. A picture and 1000 words: using resident-employed photography to understand attachment to high amenity places[J]. Journal of Leisure Research, 2004, 36(4): 580-606.

[194] Steele F. The sense of place[M]. Boston: CBI Publishing Company, 1981.

[195] Stryker S. Symbolic interaction: asocial structural version by sheldon stryker[M]. Menlo Park, CA: Benjamin/Cummings Publishing Company,1980.

[196] Sverker Sörlin. Monument and memory: landscape imagery and the articulation of territory[J]. World Views Environment Culture Religion, 1998, 2(3):269-279.

[197] Sverker Sörlin. The articulation of territory: landscape and the constitution of regional and national identity[J]. Norsk Geografisk Tidsskrift-Norwegian Journal of Geography, 1999, 53(2-3):103-112.

[198] Tapar A V, Dhaigude A S, Jawed M S. Customer experience-based satisfaction and behavioural intention in adventure tourism: exploring the mediating role of commitment[J]. Tourism Recreation Research, 2017:1-12.

[199] Trail G T, Anderson D F, Fink J S. Consumer satisfaction and identity theory: a model of sport spectator conative loyalty[J]. Sport Marketing Quarterly, 2005, 14(2): 98-111.

[200] Tuan Y F. Topophilia: A study of environmental perception, attitudes, and values[M]. New Jersey: Engelwood Cliffs, Prentice-Hall, 1974.

[201] Tuan Y F. Sign and metaphor[J]. Annals of the Association of American Geographers, 1978a, 68(3), 363-372.

[202] Tuan Y F. Humanistic geography[J]. Annals of the Association of American Geographers, 1978b, 66(2): 266-276.

[203] Tuan Y F. Passing strange and wonderful: aesthetics, nature, and culture[J]. Journal of Aesthetics & Art Criticism, 1994, 52(4):1.

[204] Turley L W, Milliman R E. Atmospheric effects on shopping behavior: a review of the experimental evidence[J]. Journal of Business Research, 2000, 49(2): 193-211.

[205] Tveit M. Indicators of visual scale as predictors of landscape preference: a comparison between groups[J]. Journal of Environmental Management, 2009, 90(9): 2882-2888.

[206] Tveit M, Ode A, Fry G. Key concepts in a framework for analysing visual landscape character[J]. Landscape Research, 2007, 31(31): 229-255.

[207] Ulrich R S. Aesthetic and affective response to natural environment [M]. In Altman I, Wohlwill J (eds.). Human Behavior and Environment. New York: Plenum,1983.

[208] van den Berg A E, Koole S L, van der Wulp N Y. Environmental preference and restoration: (How) are they related? [J]. Journal of Environmental Psychology, 2003, 23(2): 135-146.

[209] Vernon G M. Human interactionism: an introduction to sociology [M]. New York: Ronald Press, 1965.

[210] Vries S D, Groot M D, Boers J. Eyesores in sight: quantifying the impact of man-made elements on the scenic beauty of dutch landscapes[J]. Landscape and Urban Planning, 2012, 105(1), 118 – 127.

[211] Wagner P L. The human use of the earth[M]. London: Free Press of Glencoe, 1960.

[212] Wakefield K L, Baker J. Excitement at the mall: determinants and effects on shopping response[J]. Journal of Retailing, 1998, 74(4): 515 – 539.

[213] Walker D A, Leibman M O, Epstein H E, et al. Spatial and temporal patterns of greenness on the Yamal Peninsula, Russia: interactions of ecological and social factors affecting the Arctic normalized difference vegetation index[J]. Environmental Research Letters, 2009, 4(4): 940 – 941.

[214] Walmsley D J, Lewis G J. Human geography: behavioural approaches [M]. London: Longman, 1984.

[215] Wang C Y, Mattila A S. The impact of servicescape cues on consumer prepurchase authenticity assessment and patronage intentions to ethnic restaurants[J]. Journal of Hospitality and Tourism Research, 2015, 39(3): 346 – 372.

[216] Westbrook R A. Sources of consumer satisfaction with retail outlets [J]. Journal of Retailing, 1981, 57:68 – 85.

[217] White C J, Scandale S. The role of emotions in destination visitation intentions: a cross-cultural perspective[J]. Journal of Hospitality and Tourism Management, 2005, 12(2): 168 – 179.

[218] White S R. Density-matrix algorithms for quantum renormalization groups[J]. Physical Review B, 1993, 48(14): 10345 – 10356.

[219] Williams D R. Making sense of "place": reflections on pluralism and positionality in place research[J]. Landscape and Urban Planning,

2014, 131:74 - 82.

[220] Williams D R, Vaske J J. The measurement of place attachment: validity and generalizability of a psychometric approach[J]. Forest Science, 2003, 49(6): 830 - 840.

[221] Wirtz J, Mattila A S, Tan R L P. The moderating role of target-arousal on the impact of affect on satisfaction—an examination in the context of service experiences[J]. Journal of Retailing, 2000, 76(3): 347 - 365.

[222] Wright J K, Kirtland J. Human nature in geography[M]. Cambridge, Mass: Harvard University Press, 1966.

[223] Wright S. Correlation and causation[J]. Journal of Agricultural Research, 1921, 20: 557 - 585.

[224] Yan B, Zhang J, Zhang H, et al. Investigating the motivation-experience relationship in a dark tourism space: a case study of the Beichuan earthquake relics, China[J]. Tourism Management, 2016, 53(3): 108 - 121.

[225] Yoon J I, Kyle G. Predictors of visitors' intention to return to a nature-based recreation area[M]. In Watts C E, Fisher C L. (eds.). Proceedings of the 2009 Northeastern Recreation Research Symposium. Gen. Tech. Rep. NRSP66. Newtown Square, PA: U.S. Department of Agriculture, Forest Service, Northern Research Station, 2010.

[226] Yu K. Cultural variations in landscape preference: comparisons among Chinese sub-groups and Western design experts[J]. Landscape and Urban Planning, 1995, 32(2): 107 - 126.

[227] Yüksel A. Tourist shopping habitat: effects on emotions, shopping value and behaviours[J]. Tourism Management, 2007, 28(1):58 - 69.

[228] Yüksel A, Yüksel F. Shopping risk perceptions: effects on tourists'

emotions, satisfaction and expressed loyalty intentions[J]. Tourism Management, 2007, 28(3): 703 - 713.

[229] Zajonc R B. Feeling and thinking: preferences need no inferences[J]. American Psychologist, 1980, 35(2):151 - 175.

[230] Zhang H, Zhang J, Cheng S, et al. Role of constraints in Chinese calligraphic landscape experience: an extension of a leisure constraints model[J]. Tourism Management, 2012, 33:1398 - 1407.

[231] Zhang J, Tang W, Shi C, et al. Chinese calligraphy and tourism: from cultural heritage to landscape symbol and media of the tourism industry[J]. Current Issues in Tourism, 2008, 11(6): 529 - 548.

[232] Zheng B, Zhang Y, Chen J. Preference to home landscape: wildness or neatness? [J]. Landscape and Urban Planning, 2011, 99(1): 1 - 8.

[233] Zhou Q B, Zhang J, Edelheim J R. Rethinking traditional Chinese culture: a consumer-based model regarding the authenticity of Chinese calligraphic landscape[J]. Tourism Management, 2013, 36: 99 - 112.

[234] Zia A, Norton B G, Metcalf S S, et al. Spatial discounting, place attachment, and environmental concern: toward an ambit-based theory of sense of place[J]. Journal of Environmental Psychology, 2014, 40: 283 - 295.

[235] Zins A H. Relative attitudes and commitment in customer loyalty models[J]. International Journal of Service Industry Management, 2001, 12(3):269 - 294.

[236] Zins A H. Consumption emotions, experience quality and satisfaction: a structural analysis for complainers versus non-complainers[J]. Journal of Travel & Tourism Marketing, 2002, 12(2 - 3): 3 - 18.

[237] Zube E H, Sell J L, Taylor J G. Landscape perception: research, application and theory[J]. Landscape and Planning, 1982, 9(1): 1 - 33.

[238] Zukin S. Landscape of power[M]. Berkeley：University of California Press，1991.

[239] Zukin S. The culture of cities[M]. Oxford：Blackwell，1995.

[240] 阿诺德·伯林特.生活在景观中：走向一种环境美学[M].陈盼,译.长沙：湖南科学技术出版社,2006.

[241] 蔡晓梅,朱竑.高星级酒店外籍管理者对广州地方景观的感知与跨文化认同[J].地理学报,2012,67(8):1057-1068.

[242] 蔡晓梅,朱竑,刘晨.情境主题餐厅员工地方感特征及其形成原因——以广州味道云南食府为例[J].地理学报,2012,67(2):239-252.

[243] 曹诗图.旅游文化与审美[M].武汉：武汉大学出版社,2006.

[244] 车文博.当代西方心理学新词典[M].长春：吉林人民出版社,2001.

[245] 陈刚.多民族地区旅游发展对当地族群关系的影响——以川滇泸沽湖地区为例[J].旅游学刊,2012,27(5):94102.

[246] 陈望衡.论环境美的本体——景观的生成[J].学术月刊,2006(8):92-96.

[247] 陈望衡.环境美学的兴起[J].郑州大学学报(哲学社会科学版),2007,40(3):80-83.

[248] 陈亚颦,徐丽娇.西双版纳傣族社区居民地方感变化研究[J].云南师范大学学报(哲学社会科学版),2013,45(1):40-48.

[249] 党东雨,余广超.以书法文化为主题的园林景观营造探索——以临沂书法广场为例[J].中国园林,2014,30(1):84-87.

[250] 董明辉,吴慧平.试论古代中国书法与地理环境[J].人文地理,1997,12(2):62-65.

[251] 段义孚.人文主义地理学之我见[J].地理科学进展,2006,25(2):1-7.

[252] 方国清.自我与他者：全球化背景下中国武术文化认同的研究[D].苏州：苏州大学,2008.

[253] 冯健,胡牧.书法文化的区域初步研究[J].云南地理环境研究,1999,11(2):89-95.

[254] 冯健,张小林.人文区划方法及世界书法文化区的划分[J].世界地理研

究,1999,8(1):69-75.

[255] 傅才武,钟晟.文化认同体验视角下的区域文化旅游主题构建研究——以河西走廊为例[J].武汉大学学报(哲学社会科学版),2014,67(1):101-106.

[256] 郭永锐,张捷,卢韶婧,等.旅游者恢复性环境感知的结构模型和感知差异[J].旅游学刊,2014,29(2):93-102.

[257] 韩小芸,汪纯孝.服务性企业顾客满意感与忠诚感关系[M].北京:清华大学出版社,2003.

[258] 韩震.论全球化进程中的多重文化认同[J].求是学刊,2005,32(5):21-26.

[259] 韩震.论国家认同、民族认同及文化认同——一种基于历史哲学的分析与思考[J].北京师范大学学报(社会科学版),2010(1):58-62.

[260] 何彬.从海外角度看传统节日与民族文化认同[J].文化遗产,2008(1):71-79.

[261] 华莱士,刘少杰,沃尔夫.当代社会学理论:对古典理论的扩展[M].刘少杰,等,译.北京:中国人民大学出版社,2008.

[262] 黄晓京.符号互动理论——库利、米德、布鲁默[J].国外社会科学,1984(12):56-59.

[263] 姜辽,苏勤.周庄古镇创造性破坏与地方身份转化[J].地理学报,2013,68(8):1131-1142.

[264] 蒋长春,张捷,万基财.名山风景区书法景观在游客地方感中的作用——以武夷山风景区为例[J].旅游学刊,2015,30(4):73-83.

[265] 蒋丽芹,熊乙.历史文化街区游客满意度的影响因素——以惠山古镇为例[J].城市问题,2015,34(5):27-33.

[266] 柯立,张捷,李倩.书法景观旅游地游客感知意象影响因素分析——以桂林叠彩山景区为例[J].中国岩溶,2010,29(1):87-92.

[267] 李斌.环境行为学的环境行为理论及其拓展[J].建筑学报,2008(2):30-33.

[268] 李芬.城市内湖旅游者地方感研究[D].福州:福建师范大学,2012.

[269] 李蕾蕾.从新文化地理学重构人文地理学的研究框架[J].地理研究,2004,23(1):125-134.

[270] 李立,汪德根.城市低碳公共交通对旅游景点通达性影响研究——以苏州市为例[J].经济地理,2012,32(3):166-172.

[271] 李莉,颜丙金,张宏磊,等.景区游客拥挤感知多维度内涵及其影响机制研究——以三清山为例[J].人文地理,2016,31(2):145-152.

[272] 李敏,张捷,董雪旺,等.目的地特殊自然灾害后游客的认知研究——以"5·12"汶川地震后的九寨沟为例[J].地理学报,2011,66(12):1695-1706.

[273] 李娜.新疆旅游开发中民族传统文化保护问题研究——鄯善县麻扎村个案分析[J].兰州学刊,2008(s2):51-55.

[274] 李珊珊.民族旅游开发中的文化移植与文化认同研究[D].武汉:中南民族大学,2013.

[275] 李珊珊,龚志祥.民族文化移植现象中目的地社区的文化认同研究——基于恩施州枫香坡旅游开发的案例分析[J].湖北民族学院学报(哲学社会科学版),2013,31(2):14-18.

[276] 李鑫.湖南大学校园文化景观符号的研究[D].长沙:中南林业科技大学,2013.

[277] 李雪耀.书法艺术在景观设计中的体现——以厦门书法广场为例[J].中国园艺文摘,2011,27(12):107-108.

[278] 理查德·皮特.现代地理学思想[M].周尚意,等,译.北京:商务印书馆,2007.

[279] 梁增贤,保继刚.文化转型对地方意义流变的影响——以深圳华侨城空间文化生产为例[J].地理科学,2015,35(5):544-550.

[280] 廖雅梅.基于台湾同胞文化认同的福建宗祠祖墓旅游产品开发研究[D].厦门:华侨大学,2014.

[281] 廖杨.象征符号与旅游工艺品中的民族文化认同[J].民族艺术研究,2006(2):39-44.

[282] 林崇德.心理学大辞典[M].上海:上海教育出版社,2003.

[283] 刘丹萍,金程.旅游中的情感研究综述[J].旅游科学,2015,29(2):74 - 85.

[284] 刘慧.城市运河景观的场所精神研究[D].苏州:苏州大学,2008.

[285] 刘力,陈金成,朴根秀,等.感知购物环境对旅游者购物行为的影响机制研究——旅游者购物情绪的媒介作用[J].旅游学刊,2010,25(4):55 - 60.

[286] 路幸福,陆林.基于旅游者凝视的后发型旅游地文化认同与文化再现[J].人文地理,2014,29(6):117 - 124.

[287] 罗秋菊,林潼.亚运会开幕式对广州居民文化认同的影响研究——基于仪式理论的分析[J].地理科学,2014,34(5):587 - 593.

[288] 吕宁.旅游体验中的地方感研究[D].大连:东北财经大学,2010.

[289] 马骞.历史街区游客地方感对忠诚度的影响研究[D].西安:陕西师范大学,2010.

[290] 马向阳,杨颂,汪波.大陆游客涉入度与文化认同对台湾旅游目的地形象的影响[J].资源科学,2015,37(12):2394 - 2403.

[291] 马亚.书法元素在现代城市公共环境中的应用研究[J].解放军艺术学院学报,2012,19(4):83 - 86.

[292] 迈克·克朗.文化地理学[M].杨淑华,宋慧敏,译.南京:南京大学出版社,2005.

[293] 诺伯舒兹.场所精神:迈向建筑现象学[M].施植明,译.武汉:华中科技大学出版社,2010.

[294] 欧·奥尔特曼,马·切默斯.文化与环境[M].骆林生,王静,译.北京:东方出版社,1991.

[295] 帕特里克·米勒,刘滨谊,唐真.从视觉偏好研究:一种理解景观感知的方法[J].中国园林,2013(5):22 - 26.

[296] 乔纳森·弗里德曼.文化认同与全球性过程[M].郭建如,译.北京:商务印书馆,2003.

[297] 邱慧,周强,赵宁曦,等.旅游者与当地居民的地方感差异分析——以黄山屯溪老街为例[J].人文地理,2012,27(6):151 - 157.

[298] 沈鹏熠.商店环境刺激对消费者信任及购买意愿的影响研究——情绪反应的视角[J].统计与信息论坛,2011,26(7):91-97.

[299] 石义彬,熊慧.中国文化认同研究的理论、语境与方法[J].新闻传播,2011(3):7-11.

[300] 史坤博,杨永春,白硕,等.成都市体验性网络团购市场发展的空间特征[J].地理研究,2016,35(1):108-122.

[301] 史兴民.陕西省韩城煤矿区居民环境污染调适行为[J].地理科学进展,2012,31(8):1106-1113.

[302] 史兴民,刘戎.煤矿区居民的环境污染感知——以陕西省韩城矿区为例[J].地理研究,2012,31(4):641-651.

[303] 苏勤,钱树伟.世界遗产地旅游者地方感影响关系及机理分析——以苏州古典园林为例[J].地理学报,2012,67(8):1137-1148.

[304] 苏彦捷.环境心理学[M].北京:高等教育出版社,2016.

[305] 孙上茜,李倩.旅游者地方感对支付意愿影响的实证研究——以九寨沟为例[J].消费经济,2013,29(2):60-64.

[306] 汤茂林.文化景观的内涵及其研究进展[J].地理科学进展,2000,19(1):70-79.

[307] 汤茂林,金其铭.文化景观研究的历史和发展趋向[J].人文地理,1998,13(2):45-49.

[308] 汤茂林,汪涛,金其铭.文化景观的研究内容[J].南京师大学报(自然科学版),2000,23(1):111-115.

[309] 汤晓敏.景观视觉环境评价的理论、方法与应用研究[D].上海:复旦大学,2007.

[310] 汤晓敏,王祥荣.景观视觉环境评价:概念、起源与发展[J].上海交通大学学报(农业科学版),2007,25(3):173-179.

[311] 唐丽丽,朱定秀,齐先文.文化认同与旅游者忠诚关系研究——以徽州文化旅游区为例[J].华东经济管理,2015,29(11):54-58.

[312] 唐文跃.旅游地地方感研究[M].北京:社会科学文献出版社,2013.

[313] 唐文跃.桂林旅游景区书法景观符号效应分析[J].旅游科学,2014,

28(1):76-84.

[314] 唐文跃,张捷,罗浩,等.九寨沟自然观光地旅游者地方感特征分析[J].地理学报,2007,62(6):599-608.

[315] 唐晓峰,周尚意,李蕾蕾."超级机制"与文化地理学研究[J].地理研究,2008,27(2):431-438.

[316] 唐雪琼,钱俊希,陈岚雪.旅游影响下少数民族节日的文化适应与重构——基于哈尼族长街宴演变的分析[J].地理研究,2011,30(5):835-844.

[317] 田浩.现代艺术设计中的书法元素[J].中国书法,2010(9):116-117.

[318] 汪芳,黄晓辉,俞曦.旅游地地方感的游客认知研究[J].地理学报,2009,64(10):1267-1277.

[319] 王德胜.当代中国文化景观中的审美教育[J].文史哲,1996(6):64-70.

[320] 王发曾,吕金嵘.中原城市群城市竞争力的评价与时空演变[J].地理研究,2011,30(1):49-60.

[321] 王凯.汉字书法艺术在城市景观中的运用[J].黑龙江科技信息,2009,13(28):338.

[322] 王平,陈聪.现代设计中传统文化的回归[J].文艺研究,2005(10):143.

[323] 王燚.近十年来国内环境美学研究述评[J].上海大学学报(社会科学版),2011,18(3):57-66.

[324] 吴必虎.中国景观史[M].上海:上海人民出版社,2004.

[325] 吴必虎,李咪咪.小兴安岭风景道旅游景观评价[J].地理学报,2001,56(2):214-222.

[326] 吴慧平.论书法地理的地域空间研究[J].人文地理,2001,16(2):93-96.

[327] 吴慧平.魏晋南北朝时期书法家的地理分布与区域划分[J].中国历史地理论丛,2003,18(2):86-94.

[328] 吴慧平,司徒尚纪.书法景观的文化地理浅释[J].地理科学,2002,22(6):757-762.

[329] 吴丽敏.文化古镇旅游地居民"情感—行为"特征及其形成机理[D].南

京:南京师范大学,2015.

[330] 吴其付.民族旅游与文化认同:以羌族为个案[J].贵州民族研究,2009,29(1):132 - 140.

[331] 吴其付.民族旅游文献中的文化认同研究[J].广西民族研究,2011(1):191 - 198.

[332] 伍乐平,肖美娟,苏颖.乡村旅游与传统文化重构——以日本乡村旅游为例[J].生态经济,2012(5):154 - 157.

[333] 席岳婷.中国考古遗址公园文化旅游研究[D].西安:西北大学,2013.

[334] 肖潇.自然观光旅游地旅游者地方感的成因机制与时空分异研究[D].南京:南京大学,2013.

[335] 肖潇,张捷,孙上茜,等.书法景观旅游地游客地方感影响因素分析——以陕西汉中石门十三品为例[J].人文地理,2012,27(6):130 - 136.

[336] 许静波.论文化景观的特性[J].云南地理环境研究,2007,19(4):73 - 77.

[337] 许晓明,刘志成.中国传统园林中"题咏"参与审美的机制探析[J].中国园林,2016,32(2):78 - 82.

[338] 颜丙金,张捷,李莉,等.自然灾害型景观游客体验的感知差异分析[J].资源科学,2016,38(8):1465 - 1475.

[339] 颜红影.浅析书法艺术在现代空间界面设计中的运用[J].淮海工学院学报(人文社会科学版),2018,16(7):77 - 79.

[340] 杨昀,保继刚.旅游社区外来经营者地方依恋的特征分析——以阳朔西街为例[J].人文地理,2012,27(6):81 - 86.

[341] 姚亦锋.江苏省地理景观与美丽乡村建构研究[J].人文地理,2015,30(4):108 - 115.

[342] 尹安石.浅析汉字元素与景观设计[J].南京艺术学院学报(美术与设计版),2006(4):189 - 191.

[343] 尹立杰,张捷,韩国圣,等.基于地方感视角的乡村居民旅游影响感知研究——以安徽省天堂寨为例[J].地理研究,2012,31(10):1916 - 1926.

[344] 尹立杰,张捷,张宏磊,等.书法景观在景区旅游意象构建中的作用研

究——以西安碑林为例[J].人文地理,2011,26(5):49-53.

[345] 于晓,凌晨.书法在园林景观中的应用——以临沂书法广场为例[J].山东林业科技,2012,42(6):99-100.

[346] 俞孔坚.景观:文化、生态与感知[M].北京:科学出版社,2008.

[347] 俞孔坚,吉庆萍.专家与公众景观审美差异研究及对策[J].中国园林,1990,16(2):19-23.

[348] 曾国军,孙树芝,朱竑,等.全球化与地方性冲突背后的跨地方饮食文化生产——基于广州的案例[J].地理科学,2013,33(3):291-298.

[349] 翟丽丽.成都宽窄巷子历史文化街区游客景观偏好实证研究[J].经营管理者,2014(16):102.

[350] 张朝枝,邓曾.基于游客自愿拍摄法(VSEP)的旅游审美研究方法探索[J].旅游科学,2010,24(4):66-76.

[351] 张宏磊,张捷.中国传统文化景观体验的限制因素研究——以书法景观为例[J].旅游学刊,2012,27(7):28-34.

[352] 张建国,庞赞.城市河流水利风景区游客感知与其满意度忠诚度测度[J].城市问题,2015,33(12):39-45.

[353] 张捷.基于人地关系的书法地理学研究[J].人文地理,2003,18(5):1-6.

[354] 张捷.书法文化链与"大书法文化"发展战略研究——关于中国书法文化产业发展的战略规划的评述和展望[J].云南师范大学学报(哲学社会科学版),2006,38(3):81-88.

[355] 张捷."空间"的演化:物质的、地理的、抑或是精神的？——关于空间学术概念的历史演化和现代嬗变机制[J].文化研究(第10辑),2010a,10(2):245-260.

[356] 张捷.书法故事、地方文脉传承与书法的空间生产——南京、北京书法文脉与城市书法景观的案例[J].文化研究(第10辑),2010b,10(2):68-84.

[357] 张捷.书法景观公众知觉与书法美育及文化传承[J].美育学刊,2011a,2(5):60-63.

[358] 张捷.历史文化旅游资源数量敏感度调整评价模型研究——以江苏吴江水乡古镇古诗词文化为例[J].苏州科技学院学报(自然科学版),2011b,28(4):1-7.

[359] 张捷,卢韶婧,杜国庆,等.中、日都市旅游街区书法景观空间分异及其文化认同比较研究[J].地理科学,2014,34(7):831-839.

[360] 张捷,卢韶婧,蒋志杰,等.中国书法景观的公众地理知觉特征——书法景观知觉维度调查[J].地理学报,2012,67(2):230-238.

[361] 张捷,饶薇,王小伦.主题内容频数相关分析与历代书法理论演替关系研究[J].情报科学,2006,24(12):1822-1827.

[362] 张捷,张宏磊,唐文跃.中国城镇书法景观空间分异及其地方意义——以城镇商业街区为例[J].地理学报,2012,67(12):1675-1685.

[363] 张捷,张静.书法景观与城市景观——南京书法景观及书法旅游产品概念规划案例[J].城乡建设,2004(3):42-43.

[364] 张位中.国内古城镇旅游可持续发展理论模式研究——基于文化空间与场所精神理论[J].城市发展研究,2014(10):13-16.

[365] 张晓霞.谐适环境的美学意义[J].美术观察,2002(3):55.

[366] 张旭东.全球化时代的文化认同[M].北京:北京大学出版社,2006.

[367] 张玉玲,张捷,张宏磊,等.文化与自然灾害对四川居民保护旅游地生态环境行为的影响[J].生态学报,2014,34(17):5103-5113.

[368] 张志斌,杨莹,居翠屏,等.兰州市回族人口空间演化及其社会响应[J].地理科学,2014,34(8):921-929.

[369] 赵广宇,程志军.哈尔滨中华巴洛克建筑场所精神之美感研究[J].黑龙江科技信息,2013(26):211-279.

[370] 郑群明,夏赞才,罗文斌,等.世界遗产申报对居民地方感的影响——以湖南崀山为例[J].旅游科学,2014,28(1):54-64.

[371] 郑晓云.文化认同论[M].北京:中国社会科学出版社,2008.

[372] 周冠生.审美心理学[M].上海:上海文艺出版社,2005.

[373] 周剑峰,黄丽帆.文化创意产品设计中的传统元素运用[J].美术观察,2018(1):131-132.

[374] 周尚意.英美文化研究与新文化地理学[J].地理学报,2004(增刊):162-166.

[375] 周尚意,孔翔,朱竑.文化地理学[M].北京:高等教育出版社,2004.

[376] 周玮,黄震方,郭文,等.南京夫子庙历史文化街区景观偏好的游后感知实证研究[J].人文地理,2012,27(6):117-123.

[377] 周玮,黄震方,吴丽敏,等.城市传统文化旅游地景观格局与景观审美耦合研究——以南京夫子庙秦淮风光带为例[J].热带地理,2015,35(6):917-925.

[378] 周永博,沈敏,魏向东,等.遗产旅游地意象媒介传播机制——苏州园林与江南古镇的比较研究[J].旅游学刊,2012,27(10):102-109.

[379] 朱竑,高权.西方地理学"情感转向"与情感地理学研究述评[J].地理研究,2015,34(7):1394-1406.

[380] 朱竑,刘博.地方感,地方依恋与地方认同等概念的辨析及研究启示[J].华南师范大学学报(自然科学版),2011(1):1-8.

[381] 朱竑,钱俊希,陈晓亮.地方与认同欧美人文地理学对地方的再认识[J].人文地理,2010,25(6):1-6.

[382] 朱竑,周军,王彬.城市演进视角下的地名文化景观[J].地理研究,2009,28(3):829-837.

[383] 朱求安,张万昌,余钧辉.基于GIS的空间插值方法研究[J].江西师范大学学报(自然科学版),2004,28(2):183-188.

[384] 邹本涛.旅游情感体验的内容分析[J].北京第二外国语学院学报,2010,32(9):21-27.

后　记

逝者如斯夫,不舍昼夜!弹指一挥间,来宁已七个春秋。自 2016 年到南京财经大学工商管理学院工作以来,已近三年时间。初入职场,一路走来,得到了南京财经大学各级领导的关怀和支持,我心怀感激!回首博士求学期间,欢乐与痛苦并存,师长与朋友同行。虽建树甚微,然收获颇丰。师长之谆谆教诲,朋友之关心扶持,均为人生路上之宝贵财富。遥想当年,一人独行两千里,凌晨踏足南京,顿时汗流浃背,热浪袭人,金陵之夏遂刻骨铭心!租房、研讨、读文章,问卷、汇报、赴九寨,一切虽记忆犹新,却物是人非。空有一腔热血,未成学术达人,细想之,惭愧至极!

美景易寻,良师难觅!投身恩师张捷教授门下实属今生之大幸,所谓"桃李不言,下自成蹊"!恩师弟子众多,每年慕名报考者甚众,德艺双馨已不足以表达弟子对恩师之才学为人的赞誉。恩师闪光而富有智慧的学术洞察力、敏捷的思辨力以及言传身教、宽厚待人、身体力行的品格和人格魅力,是学生终生为之奋斗的目标和指路明灯。恩师兴趣广泛,书画金石无一不精,诗乐均有涉猎。学生才疏学浅,资质愚钝,蒙师不弃,收入桐竹斋,自入学始,从论文写作到科研项目实践,从毕业论文选题、构思、研究框架制定到实地调研、写作内容构思与完善,每一点进步都离不开恩师的悉心指导和殷切教诲。学术之外,书法篆刻承蒙老师指点,然因我惰性太大,至今未得老师技艺之一二,实乃人生憾事。难忘与老师相处的一幕幕:三清山上健步如飞,规划谈判桌上指点江山,慕燕滨江汇报前跟我们一起通宵达旦,饭桌上幽默风趣……历历在目,犹如昨日。凭心论,每每与恩师交流,高山仰止之情油然而生。恩师之儒雅、真诚、严以律己、宽以待人和对学生的无私关怀,所有的美好品德,都将成为我未来人生征途上努力和实践的坐标!

感谢南京大学黄贤金老师、章锦河老师、金晓斌老师、张振克老师,中科院南京湖泊所陈雯老师,东南大学徐菲菲老师,安徽师范大学杨效忠老师对本书写作提出的宝贵意见。同时,感谢南京大学章锦河老师、刘泽华老师、张宏磊老师对我博士求学期间工作和生活上的关心与帮助。

天下快意之事莫若友。忆往昔,峥嵘岁月稠! 求学南大,朋友与同学是我一路走来的前行动力和精神支持! 感谢朝夕相处、相互鼓励的 2012 级地海院博士班全体兄弟姐妹们,感谢 405 所有的师兄师姐、师弟师妹在博士期间对我生活、学习上的关心、照顾和帮助。他们是:张玉玲师姐、周其楼师兄、孙景荣师兄、马金海师兄、卢韶婧师姐、郭永锐师兄、龙明忠师兄、年四锋博士、刘培学博士、郑春晖博士、钱莉莉博士、李莉博士、毛玲博士、江进德博士、仇梦嫄博士、韩静博士、陈麦池博士、万基财硕士、吴荣华硕士、陈星硕士、苏醒硕士、李宜聪硕士、张滋露硕士、孙烨硕士、陈俊杰硕士、张家榕硕士、王再宏硕士、张卉硕士、胡烨莹硕士、周云鹏硕士。感谢 211 阳光帅气的师弟及漂亮的师妹们带给我的欢声笑语。感谢当初求职期间,南京财经大学工商管理学院万绪才书记、殷华方院长、钟士恩老师、吴丽敏老师对我的真诚关心和帮助,感谢莆田学院管理学院院长蒋长春教授在厦门调研期间的协助,感谢镇江三山管委会、厦门鼓浪屿管委会在调研期间给予的方便和照顾。人生结交在终始,莫为升沉中路分!

父兮生我,母兮鞠我。拊我畜我,长我育我。感谢我的父母、爱人、妹妹和其他亲人一直以来对我求学的鼓励与支持,感谢岳父、岳母的理解,他们是我顺利完成学业的精神支柱和动力。父母用勤劳的双手将我送到大学校园,又默默支持我走到校园的讲台,善良朴实的双亲用常人无法理解的毅力和信念供养一双儿女读书、读书再读书,每每看着同辈儿孙满堂,欢笑膝下,他们又何尝不愿如此? 博士期间,只有过年才与父母团聚,1600 余天与父母相处不过 60 天。欲报严父慈母之德,昊天罔极!

路漫漫其修远兮,吾将上下而求索!

颜丙金

2019 年 5 月于南京财经大学德济楼

图书在版编目(CIP)数据

文化旅游地特色文化景观的游客多维感知研究:以
书法景观为例 / 颜丙金著. —南京:南京大学出版社,
2019.12
(南京大学人文地理服务区域发展系列丛书)
ISBN 978-7-305-08956-5

Ⅰ. ①文… Ⅱ. ①颜… Ⅲ. ①书法–旅游文化–旅游
业发展–研究—中国 Ⅳ. ①F592.3

中国版本图书馆 CIP 数据核字(2019)第 228340 号

出版发行 南京大学出版社
社　　址 南京市汉口路 22 号　　　　 邮　编　210093
出 版 人 金鑫荣

丛 书 名 南京大学人文地理服务区域发展系列丛书
书　　名 文化旅游地特色文化景观的游客多维感知研究
　　　　　　——以书法景观为例
著　　者 颜丙金
责任编辑 陈　露　荣卫红　　　　　 编辑热线　025-83685720

照　　排 南京紫藤制版印务中心
印　　刷 盐城市华光印刷厂
开　　本 718×1000　1/16　印张 14　字数 222 千
版　　次 2019 年 12 月第 1 版　2019 年 12 月第 1 次印刷
ISBN 978-7-305-08956-5
定　　价 58.00 元

网址:http://www.njupco.com
官方微博:http://weibo.com/njupco
官方微信号:njupress
销售咨询热线:(025) 83594756